海外咨询小组
Grupo de Asesoramiento en el extranjero

国别化基础汉语系列教材

新思维

第2版
2ª edición

NUEVA DIDÁCTICA DE LA LENGUA CHINA

PARA HISPANOHABLANTES

汉语 1

李 艾 编著

北京语言大学出版社
BEIJING LANGUAGE AND CULTURE
UNIVERSITY PRESS

图书在版编目（CIP）数据

新思维汉语．1 / 李艾编著．-- 2版．-- 北京 ：北京语言大学出版社，2022.5（2025.8重印）

ISBN 978-7-5619-6017-2

Ⅰ．①新… Ⅱ．①李… Ⅲ．①汉语－对外汉语教学－教材 Ⅳ．① H195.4

中国版本图书馆 CIP 数据核字 (2022) 第 050060 号

新思维汉语（第 2 版）1

XIN SIWEI HANYU (DI 2 BAN) 1

排版制作：北京青侣文化创意设计有限公司
责任印制：周 燚

出版发行：北京语言大学出版社
社　　址：北京市海淀区学院路 15 号，100083
网　　址：www.blcup.com
电子信箱：service@blcup.com
电　　话：编 辑 部　8610-82303647/3592/3724
　　　　　国内发行　8610-82303650/3591/3648
　　　　　海外发行　8610-82303365/3080/3668
　　　　　北语书店　8610-82303653
　　　　　网购咨询　8610-82303908
印　　刷：天津鑫丰华印务有限公司

版　　次：2022 年 5 月第 2 版　　印　　次：2025 年 8 月第 3 次印刷
开　　本：889 毫米 × 1194 毫米 1/16　　印　　张：课本 13.75 / 练习活页 3.5
字　　数：235 千字
07800

PRINTED IN CHINA

前 言

《新思维汉语》（第 1 版）已经出版十多年了，这是一套专门供母语是西班牙语的学生（中学、大学本科及在职自学者）学习汉语使用的综合课教材。教材以学生为中心，以教、学互动为指导思想，注重汉西对比，深层次地突出学生学习过程中的重点、难点，按照由浅入深、循序渐进的原则，从听、说、读、写、译五个方面全方位展开编写。

《新思维汉语》（第 1 版）在西班牙语地区广泛使用，由于课文短小精悍、涉猎广泛、贴近学习者的生活而深受喜爱，是一套比较实用、好用的教材。

为了满足母语为西班牙语的广大学习者的学习需求，从 2016 年下半年开始，编者对教材进行了修订。

对于以西班牙语为母语的学生来说，学习汉语不同于他们学习西方其他语言，如英语、法语或意大利语那样容易，因为这几种语言相通之处甚多，有一通百通之便。而汉语的语音、词汇、语法、汉字、句型的类别、语言表达的思维方式、对外来语言的接受方式等等，都与西班牙语相差甚远。因此，对西班牙语背景的学生进行的汉语教学必须改变传统的单向教授模式。只有从教与学两个方面同时采用新的思维方式，并尽可能使这两种新的思维聚焦，才能让学生克服“汉语难学”的思想障碍，取得事半功倍的教学效果。

教材从策划、编写、修改到定稿都遵循了上述指导思想，力求做到既吸收已经出版的各种同类教材的优点，又充分考虑以西班牙语为母语的学生在学习汉语的过程中的重点、难点，注重从教与学两个方面进行编排，注重教与学的互动和统一。同时强调在教学中使用多媒体技术、新媒体手段，使学习过程更加真实、有趣。

为了使教材内容更加科学、实用，编者采用了边编、边教、边改的方法。教材的初稿曾经在西班牙和古巴的一些高等院校和汉语教学机构中试用。试用过程中，学生提出的许多困惑、建议和要求，都给了编者很大的启发。例如，教材专门设立了“汉西对比”这一特殊项目，将汉语和西班牙语的不同点、同时也是学生不易理解或容易出错的地方列出，作为学习重点。这一设计在教学和学习中收到了良好效果。

具体来说，教材主要体现了以下特点：

1. 话题广泛

教材最大限度地选择日常生活中可能碰到的场景，使学生在不同场景中学习和掌握丰富的词汇和汉语表达方式。

2. 言语功能多样化

课文会话生动有趣，具有多样化的语言功能，具体包含意愿的表达，提出建议、要求、命令，表示拒绝、赞同、反对，表示惊叹、遗憾、怀疑、犹豫、劝告、道歉等，具有较强的实用性。

3. 注重言语交际中的文化因素

现代生活中的人们比任何时候都需要社会交际。教材将中国文化的内容揉在对话中，以提高学习者交谈的文化档次，使他们在不同场合、面对不同对象时，能够进行得体的交际活动。此外，非言语交际的文化差异，本教材中也有所体现。

4. 注重汉字教学

按照汉字自身的规律，汉字部分突出部件教学的功能，改变“文从语”的生硬教法，让学生自主轻松地学习汉字。教材从汉字的基本笔画、笔顺、构字方式及书写规则等几方面进行编写，让组字能力强的字先出现，并注意采用集中识字和对比识字的方式，坚持汉字展示为主、拼音展示为辅的原则，培养学生的汉字认读、书写能力。

5. 创新语法教学方式

考虑到国际上学习汉语的人多为成年人，他们一般都拥有很好的教育背景、理解力与自学能力，教材关于汉语语法的讲解尝试采用演绎法，先给学生整体的、系统的、一目了然的语法概念，然后化整为零、由浅入深地讲解，并通过大量练习帮助消化。同时，语法点在后面的课文中不断滚动重现。对于逻辑思维清晰、学习目的明确的成人学习者来说，这种设计有利于培养他们的转换生成能力。

《新思维汉语》（第 2 版）由原来的三册变为四册，每册 12 课。考虑到海外部分地区汉语教师稀缺、无法集体备课、无人请教，以及非西班牙语专业的汉语教师西班牙语水平相对有限的现状，新版教材相对完整地保留了语音、语法、汉西对比部分的西班牙文注释。

《新思维汉语》（第 2 版）增加了舌位图；增加了内容广泛的汉西对照阅读；修改了多课课文；删除了一些超纲词，添加了与时俱进的新词语；增加了应用文写作和范文展示；练习也做了适当的调整，既强调机械性练习，同时也注意到交际型、任务型练习的分层次呈现。此外，每册教材都配上了练习活页。

相信《新思维汉语》（第 2 版）的出版一定能为推动西班牙语地区的汉语教学发展再立新功。

《新思维汉语》（第 1 版）从开始编写就广泛征求了众多中外学者的意见，并得到他们真诚的指教和修改。在《新思维汉语》（第 2 版）出版之际再次向他们表示深深的谢意。

中国的专家学者有陆俭明、程棠、鲁健骥、任远、金亭亭、董燕生、岑楚兰、刘健等。

国外的专家学者有西班牙汉学家毕隐崖（Iñaki Preciado）、古巴的玛丽娅·莱格拉·佩拉萨（María Regla Pereza）、中国国际广播电台西班牙语专家胡里奥·河书（Xulio Ríos）、西班牙西班牙语专家伊莎贝尔·德拉·福恩特·科瓦斯（Isabel de la Fuente Cobas）、秘鲁著名汉学家吉列莫·达尼诺（Quillermo Dañino）等。

还要感谢我的西班牙、智利、墨西哥、古巴、阿根廷、厄瓜多尔、乌拉圭、秘鲁等国的学生，在整个编写过程中作为第一读者和我时时沟通。另外，还要感谢采光先生、李捷女士、崔燕女士、刘莹女士等在西班牙语方面对我的帮助和支持。

李艾

于北京语言大学

Prólogo

Han pasado más de 10 años desde que se publicó «Nueva didáctica de la lengua china para hispanohablantes» (1ª edición). Es un conjunto completo de manuales diseñados para que los estudiantes de secundaria, de grado o autodidactas cuya lengua materna es el español aprendan chino. El manual está centrado en el alumno y guiado por la interacción entre la enseñanza y el aprendizaje, centrándose en el contraste entre el chino y el español, destacando los puntos clave y las dificultades en el proceso de aprendizaje, y siguiendo el principio de desarrollo progresivo de lo superficial a lo profundo y al mismo tiempo se redacta basándose en las cinco áreas principales del aprendizaje de un idioma: escuchar, hablar, leer, escribir y traducir.

«Nueva didáctica de la lengua china para hispanohablantes» (1ª edición) se usa mucho en las regiones de habla hispana y es un libro de texto relativamente práctico y útil, bien acogido por los alumnos por los textos breves, concisos y extensos, cercanos a su vida cotidiana.

Con el fin de satisfacer las necesidades de aprendizaje de una amplia gama de estudiantes hispanohablantes, la autora empezó a revisar este manual a partir de la segunda mitad de 2016.

Para los hispanohablantes, aprender la lengua china no es tan fácil como aprender otros idiomas occidentales como el inglés, el francés o el italiano, ya que estos últimos son similares al español. Por su parte, el chino es un idioma muy diferente tanto en la fonética como en sus letras y caracteres, la gramática, la constitución de las palabras, la mentalidad de sus expresiones y la forma de asimilar los modismos extranjeros. Por esta razón, es necesario cambiar el unidireccional modelo tradicional de impartir clases cuando los alumnos son hispanohablantes. Solo cuando el aprendizaje y la enseñanza comparten al unísono una nueva mentalidad y se combinan ambas partes, se superará el obstáculo psicológico de que "el chino es difícil", de modo que pueda lograrse un resultado satisfactorio en la enseñanza.

Este manual observa este principio guía en su diseño, redacción, corrección y revisión, procurando asimilar los factores positivos de otros manuales del mismo tipo y al mismo tiempo tomar en cuenta en mayor grado los puntos clave y las dificultades de los alumnos hispanohablantes en el proceso de aprendizaje del chino. Además, otorga mucha importancia a la enseñanza y el aprendizaje y a la coordinación mutua de ambas lenguas. También debe resaltarse el uso de la nueva tecnología multimedia para que el proceso del aprendizaje sea más práctico y divertido.

La autora recurre al método de "redacción-enseñanza-corrección" para que el manual resulte más práctico. El borrador del manual se aplicó en fase experimental en algunas universidades, centros docentes e instituciones de España y Cuba, donde los alumnos dieron cuenta de las dificultades y formularon sugerencias valiosas, lo que inspiró a la autora. Una de las sugerencias de valor consiste en el diseño particular de un sistema comparativo entre la lengua china y la española, donde se exponen los puntos de divergencias entre ambas lenguas, subrayando las dificultades con las que suelen tropezar los alumnos hispanohablantes. Este diseño ha funcionado muy bien tanto en la enseñanza como en el aprendizaje.

Concretamente, este manual tiene las siguientes características:

1. Amplios temas de conversación

El manual ha elegido situaciones en las que los estudiantes suelen encontrarse en la vida cotidiana. Así, el alumno llegará a dominar un vocabulario amplio y expresiones idiomáticas propias del chino.

2. Diversas funciones del lenguaje

Los textos son vivos e interesantes con una variedad de funciones lingüísticas, como expresar deseos, hacer sugerencias y peticiones, dar órdenes; cómo rehusar, aprobar, oponerse, cómo expresar admiración, lástima, duda, vacilación, cómo dar un consejo o cómo disculparse. Todas estas expresiones son de carácter práctico.

3. Centrarse en los factores culturales de la comunicación verbal

En la vida moderna, las personas necesitan más que nunca la interacción social. El manual introduce la cultura china en las conversaciones con el fin de elevar el nivel cultural de las conversaciones de los alumnos y permitirles realizar actividades comunicativas adecuadas en diferentes situaciones y ante diferentes interlocutores. Además, las diferencias culturales en la comunicación no verbal también se reflejan en este manual.

4. Potenciar la enseñanza de los caracteres chinos

De acuerdo con las reglas de los caracteres chinos, la sección de caracteres chinos destaca la función de la enseñanza por componentes, cambiando el rígido método de enseñanza de que "los caracteres van detrás de la expresión oral" y permitiendo a los alumnos aprender los caracteres chinos de forma independiente y fácil. El manual se redacta teniendo en cuenta los trazos básicos, la secuencia de los trazos, la formación de palabras y las reglas de escritura, de modo que los caracteres con gran capacidad de formación de palabras aparecen primero, y se presta atención al uso de aprender los caracteres chinos de forma masiva y comparativa. En el manual se ha seguido el principio de "lo primero el carácter chino, con el pinyin como ayuda" para que los alumnos desarrollen las habilidades de reconocer y escribir caracteres chinos.

5. Nuevo método de enseñanza de la gramática

El manual recurre al método deductivo en este aspecto, o sea, primero proporciona a los alumnos un concepto gramatical general, luego les explica uno por uno sus atributos según el principio de lo fácil a lo difícil y al mismo tiempo con la ayuda de ejercicios se facilita el entendimiento del punto gramatical relacionado. Ello en consideración a que la mayoría de los alumnos que aprenden el chino son adultos y que ya cuentan con un nivel educativo específico y la capacidad de comprensión correspondiente. Para los alumnos adultos que piensan de forma lógica y tienen un propósito claro de aprendizaje, este diseño facilita el desarrollo de habilidades generativas transformadoras.

«Nueva didáctica de la lengua china para hispanohablantes» (2ª edición) pasa de tres a cuatro tomos, cada uno contiene 12 lecciones. Considerando la situación actual caracterizada por la escasez de profesores de chino en algunas regiones fuera de China, la falta de acceso a la preparación colectiva de clases y los conocimientos relativamente limitados de español de algunos profesores de chino, la nueva edición conserva explicaciones relativamente completas en español en las secciones de fonética, gramática y comparaciones chino-español.

En la «Nueva didáctica de la lengua china para hispanohablantes» (2ª edición) hay varias modificaciones: se ha añadido el diagrama de la posición articulatoria de la lengua y lectura chino-español con diversos temas; se han revisado muchos textos; se han suprimido algunas palabras fuera del nivel y se han añadido otras de moda; también se ha añadido la sección de escritura práctica y el modelo de redacción; la parte de los ejercicios también está revisadas combinando ejercicios mecánicos y comunicativos y basados en tareas. Además, cada manual va acompañado de hojas de trabajo.

Creemos que la publicación de la «Nueva didáctica de la lengua china para hispanohablantes» (2ª edición) será un nuevo éxito en la promoción de la enseñanza de chino en las regiones de habla hispana.

Desde la redacción de la primera edición la autora ha consultado con muchos académicos chinos y extranjeros y ha recibido su sincera orientación y revisión. Aprovechando la publicación de la segunda edición, querría volver a agradecerles.

Entre ellos, a Lu Jianming, Cheng Tang, Lu Jiangji, Ren Yuan, Jin Tingting, Dong Yansheng, Cen Chulan y Liu Jian y a otros expertos chinos. Al sinólogo español Iñaki Preciado, a la catedrática cubana María Regla Peraza, al experto de CRI Xulio Ríos, a la hispanista española Isabel de la Fuente Cobas, y al sinólogo peruano Quillermo Dañino.

Me gustaría expresar mi sincero agradecimiento a mis alumnos de España, Chile, México, Cuba, Argentina, Ecuador, Uruguay y Perú. Son ellos quienes me ayudan constantemente y son mis primeros lectores. Además, también me gustaría agradecer a Cai Guang, Li Jie, Cui Yan y Liu Ying por su apoyo y ayuda en español.

Li Ai

En la Universidad de Lengua y Cultura de Beijing

编写说明

《新思维汉语》是编者在西班牙和古巴工作期间边编、边教、边改的实用性教材，在编写过程中，广泛征求了西班牙、墨西哥、古巴等国的一些大学校长、汉语系主任和中外任课教师的意见，并在多所大学试用。这套教材特点鲜明、实用易学，既适用于课堂教学，也适用于自学，因此可供以西班牙语为母语的汉语学习者及对汉语感兴趣的人使用。

《新思维汉语》（第 2 版）在修订过程中，按照教育部中外语言交流合作中心编写的《国际中文教育中文水平等级标准》做了适当修改和调整，比较注重教与学的统一，尽可能考虑教授对象学习汉语的接受方式，力求有的放矢，以增强教与学的效果。基于这种思路，本教材具有以下特点：

一、汉西对比

教材中每课都有一个专门的栏目“汉西对比”，从语音、语法、惯用语、文化、习俗等方面比较汉语与西班牙语的异同，突出西班牙语母语者在学习汉语过程中的难点。对学生容易出错的地方，教师要精讲多练，而汉西相通部分则可以一带而过。

二、语音教学

语音教学贯穿始终，强调在实际对话中纠正发音。初级阶段就出现成语、谚语、常用俗语和古典诗词及其拼音，教师要让学生反复练习，不要求记忆，也不必讲解。听得多了，念得多了，自然会产生语感，为日后的学习做铺垫。练习部分则以实用词汇为主体，提高常用词的重现率。

三、汉字教学

汉字部分突出部件教学的功能，基本上每课学习 1 ～ 2 个偏旁，采用集中识字和对比识字的方式，从汉字的基本笔画、笔顺、构字方式及书写规则等几方面展开，让组字能力强的字先出现，并坚持汉字展示为主、拼音展示为辅的原则，逐步减少学生对汉语拼音的依赖。教师应在第六课结束之前就教给学生查字典及词典的方法，以培养学生自学的能力。

四、词汇教学

词汇注重构词法的讲解，培养学生自主生成新词语的能力。教材有意让结构相似、语义相近的词语成串出现，分门别类地排列，便于学生集中记忆和查找。

五、课文设计

为适应不同汉语水平的学习者的学习需求，根据国外每周 4 课时、6 课时或 8 课时的教学安排，教材每课内容要比国内教材多，词汇也更加丰富，并含有某些超纲词。这种弹性编排法能给学生较大的自学空间，课后每个人可根据自己的实际水平自主学习，不管程度高低都能各取所需。教材最大限度地选择日常生活中可能碰到的场景，使学生在不同场景和时间内学习、掌握丰富的汉语词汇和表达方式。

此外，教材还有一些灵活的设计，如第一册的第十课《他是谁——一对分手恋人的对话》，第二册的第七课《生日快乐》、第十课《你说对了》，这些课文按小品设计，内容生动活泼，教师可组织学生背诵和表演，既能活跃课堂气氛，又实现了师生互动。

六、语法教学突出演绎法

语法教学采用演绎法，先给学生一个完整的概念，再详细地分阶段讲解，这比较符合成年人的思维方式。课文内容基本是围绕语法点来编写的，同一语法点的例句在课文中反复出现，这样设计便于教师讲解，也便于学生记忆。

语法点的编排既注重由浅入深地呈现，也比较重视外国人的思维方式和需求，个别语法点是学生在初始阶段常常问到的，就提前设置了。由于西班牙语的问号和感叹号比较特殊，编者特意安排出现在题目中，比较醒目，以引起学习者注意。

请看下面的课文：

蓝天白云

蓝蓝的天上飘着白云，绿绿的田野上开着黄花。远处有一座小楼，那是我的家。在楼下，我看见家里的窗子开着。我知道家里有人。我上楼，看见爸爸正坐着看报，妈妈正做饭呢，弟弟在听音乐，妹妹正在画画儿，爷爷在浇花，奶奶织毛衣呢。

风吹着，门开着，空气好极了。阳光照着大地。从阳台上我看见：院子里的草坪上趴着两只小狗，一只瞪着眼睛，一只翘着尾巴，好玩儿极了。

“着”字重现了10次之多，较好地展示了“着”的语法意义，学生也得到了充分练习。“爸爸正坐着看报，妈妈正做饭呢，弟弟在听音乐，妹妹正在画画儿，爷爷在浇花，奶奶织毛衣呢。”这一句话囊括了汉语中表示动作正在进行的所有句式。学生只要学会这句话，就能掌握汉语中表示动作正在进行的表达方式。

七、练习

练习的设计灵活多样，力求每课各有特点，让学生熟悉各类题型。教材安排了听、说、读、写、译全方位、立体式操练，以利于教师检验课堂教学效果。

通过第一、二册的学习，学生可以逐步掌握汉语的语音知识，了解汉语语音音变的规律，掌握汉语最常用的句型，形成初步的成段表达能力。学完第三册，学生能初步了解中国的文化，进行各种社交活动，基本能听懂有关中国的话题，并能用较得体的汉语介绍自己国家的风土人情和文化景观。学完第四册，学生能借助词典阅读各自的专业书籍。

愿所有学习者在轻松快乐中不断进步！

Acerca de este manual

«Nueva didáctica de la lengua china para hispanohablantes» se ha elaborado de acuerdo con las experiencias prácticas de enseñanza de la autora durante varios años en España y Cuba, con el método de "redacción – enseñanza – corrección" y teniendo en cuenta los comentarios y sugerencias de rectores universitarios, decanos, profesores chinos e hispanohablantes de países como España, México y Cuba. Antes de su publicación, se ha probado en diversas universidades. Este manual es práctico y fácil de usar, adecuado tanto para la enseñanza de las clases como para el autoaprendizaje, por lo que se trata de un manual útil para los alumnos de chino cuya lengua materna es español y los interesados en aprender el idioma chino.

En el proceso de revisión de este manual (2ª edición), se han realizado las modificaciones y ajustes oportunos de acuerdo con las «Normas de calificación de la competencia en chino para la enseñanza internacional de la lengua china» emitidas por el Centro de Educación y Cooperación Lingüística de China, haciendo más hincapié en la unidad de la enseñanza y el aprendizaje, teniendo en cuenta, en mayor medida, la forma receptiva de aprender chino de aquellos a los que se les enseña, y esforzándose por estar orientados a mejorar la eficacia de la enseñanza y el aprendizaje. Basándose en este principio, las características propias de este manual son:

1. Comparación entre la lengua china y la española

En cada una de las lecciones hay una sección especializada titulada «Comparación chino-español», donde se comparan la lengua china y la española en fonética, gramática, frases usuales, cultura y costumbres destacando los puntos de coincidencia y divergencia y señalando las dificultades con que suelen tropezar los estudiantes hispanohablantes durante su aprendizaje. Los profesores deben concentrarse en las áreas en las que los alumnos son propensos a cometer errores, mientras que las partes comunes de ambas lenguas pueden verse más superficialmente.

2. La enseñanza de la fonética

La fonética se enseña en todo momento, haciendo hincapié en la corrección de la pronunciación en conversaciones prácticas. Las expresiones idiomáticas, los proverbios, los refranes comunes y los poemas clásicos y el pinyin aparecen en el nivel elemental, lo que permite a los alumnos practicarlos repetidamente sin necesidad de memorizarlos o explicarlos. Escuchar y recitar más creará naturalmente el sentido del lenguaje y se preparará para el aprendizaje futuro. La sección de ejercicios se centra en vocabulario práctico y se presta atención a la reaparición de las palabras más utilizadas.

3. La enseñanza de los caracteres chinos

Se tiene muy presente la enseñanza de los componentes de los caracteres chinos. En cada lección se enseñan uno o dos radicales, de forma masiva y comparativa. El manual se redacta teniendo en cuenta los trazos básicos, la secuencia de los trazos, la formación de palabras y las reglas de escritura, de modo que los caracteres con gran capacidad de formación de palabras aparecen primero y se ha seguido el principio de "lo primero el carácter chino, con el pinyin como ayuda" para que los alumnos dependan cada vez menos de la ayuda del pinyin. Es aconsejable que los profesores les enseñen a los alumnos la manera de consultar el diccionario antes de terminar explicando la lección 6 para aumentar su autonomía.

4. La enseñanza del vocabulario

El vocabulario se organiza haciendo hincapié en la formación de palabras y en el desarrollo de la capacidad de los alumnos para generar nuevas palabras por sí mismos. El manual sitúa intencionadamente las palabras con estructuras y significados semánticos similares juntas, ordenadas en categorías, lo que facilita enfocarlas y encontrarlas a los estudiantes.

5. El diseño de los textos

Los textos se diseñan con un extenso contenido y un vocabulario numeroso y rico para satisfacer las necesidades de los estudiantes del chino de diferentes niveles y teniendo en cuenta que en los países hispanohablantes se dan 4, 6 u 8 clases del chino semanales. Este enfoque flexible del diseño del manual da a los estudiantes más posibilidades de autoaprendizaje, y cada uno puede estudiar de forma independiente después de las clases según su nivel real, de modo que puede tomar lo que necesite independientemente de su nivel. El manual maximiza la elección de las situaciones que los estudiantes pueden encontrarse en la vida cotidiana, de modo que puedan aprender y dominar una gran cantidad de vocabulario y expresiones chinas en diferentes circunstancias y momentos. Además, el manual cuenta con algunos diseños flexibles, como la lección 10 «¿Quién es él? Diálogo entre una pareja de amantes separados» del primer tomo, la lección 10 «Acertaste» y la lección 7 «Feliz cumpleaños» del segundo tomo. Estos textos están diseñados según bocetos con un contenido vivo, y los profesores pueden organizar a los alumnos para que los reciten y los representen, lo que no sólo anima el ambiente del aula, sino que también permite la interacción entre el profesor y los alumnos.

6. La enseñanza de la gramática recurre al método deductivo

La explicación gramatical se adapta al método deductivo, a saber, primero ofrecer a los alumnos una concepción general, luego explicarles cada uno de los aspectos. Este método será más aceptable para el interés de los adultos. Por su contenido, la mayoría de los textos está bien combinada con los puntos gramaticales y un nuevo fenómeno gramatical aparece en ocasiones repetidas, lo que facilita la explicación del profesor y la memorización de los alumnos.

Los puntos gramaticales están organizados de manera que se presenten de lo más superficial a lo más profundo, pero también se presta más atención a la forma de pensar y a las necesidades de los hispanohablantes. Algunos puntos gramaticales se presentan con antelación, ya que suelen ser preguntados por los estudiantes en las etapas iniciales. Como los signos interrogativos y exclamativos aparecen en pareja en español, distintos de los del chino, la autora ha dispuesto intencionadamente que estos aparezcan de forma más destacada en el título para llamar la atención de los alumnos.

Lea el siguiente texto:

蓝天白云

蓝蓝的天上飘着白云，绿绿的田野上开着黄花。远处有一座小楼，那是我的家。在楼下，我看见家里的窗子开着。我知道家里有人。我上楼，看见爸爸正坐着看报，妈妈正做饭呢。弟弟在听音乐，妹妹正在画画儿，爷爷在浇花，奶奶织毛衣呢。

风吹着，门开着，空气好极了。阳光照着大地。从阳台上我看见：院子里的草坪上趴着两只小狗，一只瞪着眼睛，一只翘着尾巴，好玩儿极了。

La palabra "着", un fenómeno gramatical, se repite hasta 10 veces, de manera que demuestra mejor su significado gramatical y les da a los alumnos suficiente ejemplo práctico.

La oración "爸爸正坐着看报，妈妈正做饭呢，弟弟在听音乐，妹妹正在画画儿，爷爷在浇花，奶奶织毛衣呢。" abarca todos los modelos que expresan las acciones en desarrollo en chino. Al aprenderla, los alumnos pueden dominar todos los modelos del estilo.

7. Ejercicios

En cuanto a los ejercicios, el manual procura emplear formas flexibles y diversas. Cada lección tiene su propia peculiaridad, la que abarca las formas y prácticas de audición, habla, lectura, escritura y traducción permitiendo a los profesores comprobar la eficacia de la enseñanza en el aula.

El manual consta de cuatro tomos, los alumnos que hayan terminado de estudiar los dos primeros podrán adquirir el dominio de la fonética básica de la lengua china y conocer las normas fundamentales de sus variaciones fonéticas; dominar los modelos básicos de oraciones, realizar diálogos cotidianos sencillos y tener la capacidad inicial de expresar una idea. Al terminar de estudiar el tercer tomo, tendrán un conocimiento básico sobre la cultura china, entenderán temas referentes a China y tendrán capacidad de comunicarse en chino en actividades sociales, así como presentar adecuadamente en idioma chino las características de su propio país, su cultura y costumbres. Al concluir el cuarto tomo, los alumnos podrán leer libros de sus especialidades consultando el diccionario.

Que todos los alumnos progresen con facilidad y alegría!

词类简称表
Abreviaturas de las categorías gramaticales

1	名	名词	míngcí	Sustantivo
2	专名	专有名词	zhuānyǒu míngcí	Nombre propio
3	代	代词	dàicí	Pronombre
4	动	动词	dòngcí	Verbo
5	助动	助动词	zhùdòngcí	Verbo auxiliar
6	形	形容词	xíngróngcí	Adjetivo
7	数	数词	shùcí	Numeral
8	量	量词	liàngcí	Clasificador
9	副	副词	fùcí	Adverbio
10	介	介词	jiècí	Preposición
11	连	连词	liáncí	Conjunción
12	助	动态助词	dòngtài zhùcí	Partícula aspectual
		结构助词	jiégòu zhùcí	Partícula introductora de adverbio y adjetivo de sustantivación
		语气助词	yǔqì zhùcí	Partícula modal
13	叹	叹词	tàncí	Interjección
14	拟声	拟声词	nǐshēngcí	Onomatopeya
15	头	词头	cítóu	Prefijo
16	尾	词尾	cíwěi	Sufijo

课堂用语
Expresiones de clase

起立！	Qǐlì!	¡Levántense!
同学们好！	Tóngxuémen hǎo!	¡Buenos días, alumnos!
老师好！	Lǎoshī hǎo!	¡Buenos días, profesor / profesora!
请坐！	Qǐng zuò!	¡Siéntese, por favor!
现在上课！	Xiànzài shàngkè!	¡Ahora empezamos la clase!
现在下课！	Xiànzài xiàkè!	¡Ahora la clase ha terminado!
听我念。	Tīng wǒ niàn.	Escuchen lo que voy a leer.
跟我说。	Gēn wǒ shuō.	Repitan lo que voy a decir.
懂了吗？	Dǒng le ma?	¿Lo comprende?
对不对？	Duì bu duì?	¿Correcto?
难不难？	Nán bu nán?	¿Es difícil?
再来一遍。	Zài lái yí biàn.	Vuelva a hacerlo.
请你大声念。	Qǐng nǐ dà shēng niàn.	En voz alta, por favor.
现在我们听写。	Xiànzài wǒmen tīngxiě.	Ahora vamos a hacer un dictado.
我问，你们回答。	Wǒ wèn, nǐmen huídá.	Conteste por favor.
还有问题吗？	Hái yǒu wèntí ma?	¿Hay más preguntas?
汉译西。	Hàn yì Xī.	Traduzca al español las siguientes oraciones.
西译汉。	Xī yì Hàn.	Traduzca al chino las siguientes oraciones.
查字典注拼音。	Chá zìdiǎn zhù pīnyīn.	Consulte el diccionario y escriba el pinyin.

目　录 ÍNDICE

课号	标题	课文	语法	
七	**你好吗?** **¿Cómo estás ?**	（一）你好吗? （二）你怎么样?	1. 形容词谓语句　Oraciones con adjetivos como predicado 2. 人称代词　Pronombres personales 3. 用“吗”“呢”“怎么样”构成的疑问句 Oraciones interrogativas formadas con “吗”, “呢” y “怎么样”	
八	**初次相识** **Primer encuentro**	（一）第一课 （二）认识您真高兴	1.“是”字句　Oración con “是” 2. 汉语的序数词　Numerales ordinales en chino 3. 用疑问代词“什么”“哪”“哪里”提问的疑问句 Oraciones interrogativas formadas con “什么”, “哪” y “哪里”	
九	**今天圣诞节** **Hoy es Navidad**	（一）问日期 （二）问月份 （三）问星期 （四）问年份 （五）问节日 （六）问年龄	名词谓语句　Oraciones de predicado nominal	
十	**他是谁?** **¿Quién es él ?**	（一）她是谁? （二）他是谁?	1. 汉语的句子结构　Estructura de la oración en chino 2. 定语（1）　Modificador adjectival (1) 3. 用疑问代词“谁”“为什么”提问的疑问句　Oraciones interrogativas formadas con “谁”, “为什么”	
十一	**这是什么?** **¿Qué es esto ?**	（一）这是什么? （二）电脑的功能	1. 汉语的量词（1）　Los clasificadores en chino (1) 2. 定语（2）　Modificador adjectival (2)	

第一课 语音与汉字（1）

Lección 1 Fonética y caracteres chinos (1)

韵母（1）：单韵母

Finales (1): Vocales

ɑ　o　e　i　u　ü

声母（1）　Consonantes (1)

b　p　m　f　d　t　n　l

汉语的声调和调号　Los tonos del chino y sus marcas tonales

ˉ　ˊ　ˇ　ˋ

汉语的轻声　El tono neutro

一、韵母（1）：单韵母 Finales (1): Vocales

西班牙语单元音和汉语单韵母的发音对照

Comparación de las vocales en chino y en español

a　e　i　o　u

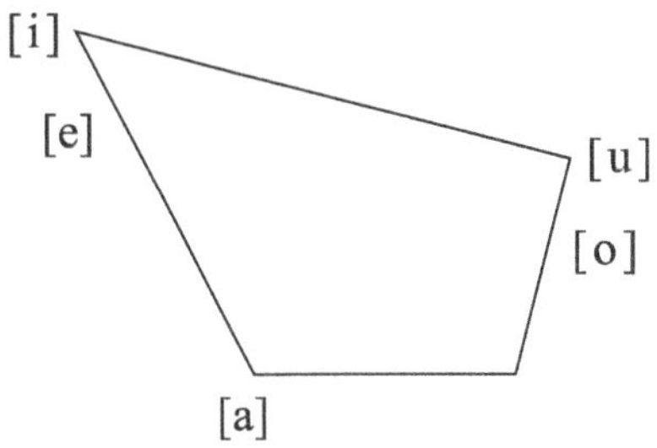

西班牙语元音舌位图

Diagrama de la articulación de las vocales del español

ɑ　o　e　i　u　ü

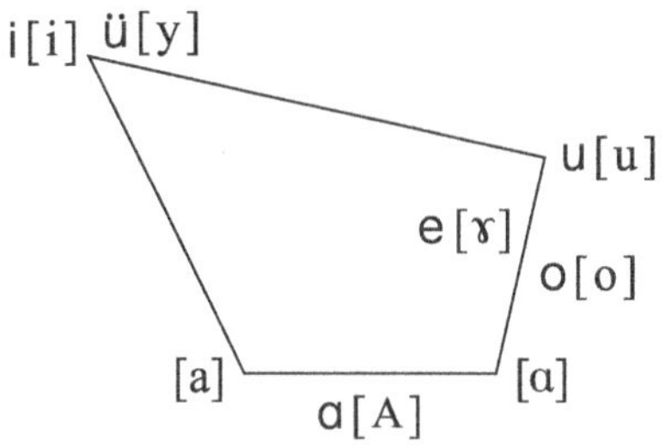

汉语元音舌位图

Diagrama de la articulación de las vocales del chino

ɑ [A]：汉语中的 ɑ 有 [a] [A] [ɑ] 三种读音，西班牙语中的 a 只有 [a] 一种读音。

La pronunciación de [A] en chino y en español no son iguales.

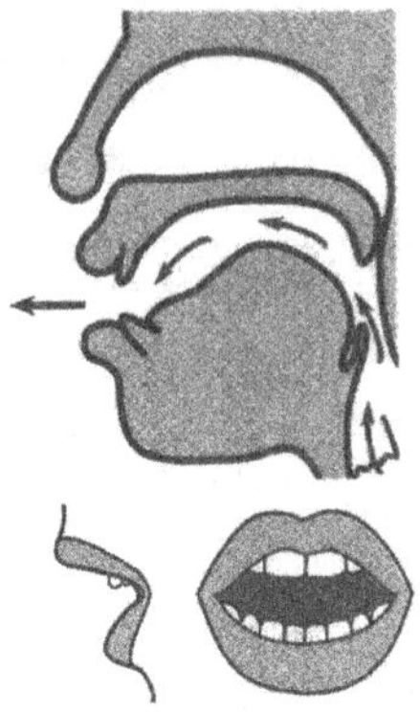

（ɑ）

西班牙语	汉语			
tomate	bɑ	pɑ	mɑ	fɑ
mapa	dɑ	tɑ	nɑ	lɑ
padre				

u [u]：汉语的 u [u] 和西班牙语的 [u] 很相似，汉语的 u 自成音节时要写成 wu。

La pronunciación “u” [u] en chino es muy similar a la [u] en español. Cuando la [u] forma por sí misma una sola sílaba se escribe como “wu”.

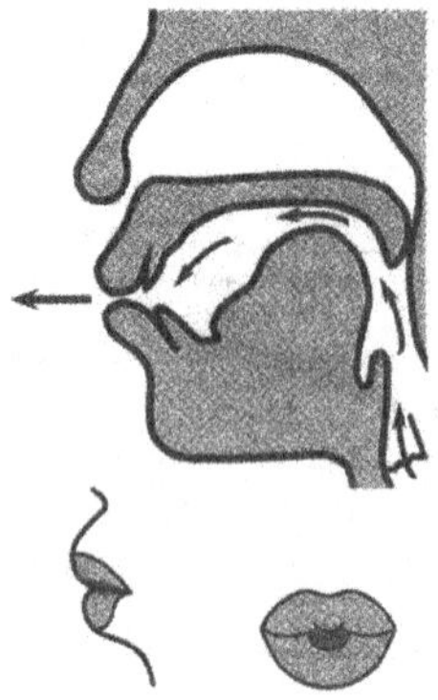

（u）

西班牙语	汉语			
mujer	bu	pu	mu	fu
muchacha	du	tu	nu	lu
lunes				

o [o]：汉语的 o [o] 与西班牙语的 [o] 不同。

La pronunciación “o” [o] en chino es muy distinta a la [o] en español.

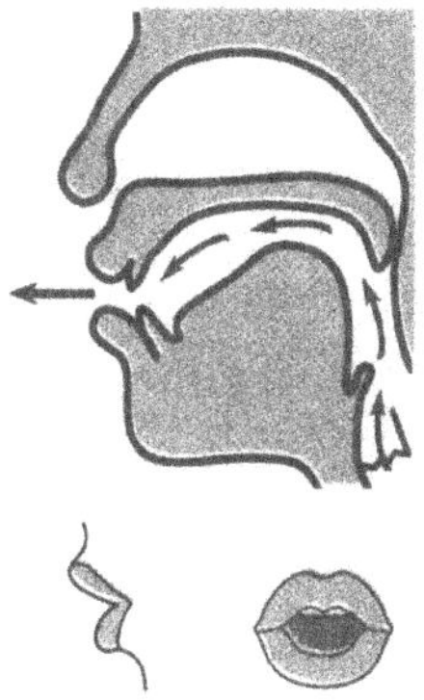

（o）

西班牙语		汉语			
lomo	rollo	bo	po	mo	fo
solo	socio				

ü [y]：汉语的 ü [y] 在 j、q、x 后面时要写成 ju、qu、xu，自成音节时要写成 yu。

Si “ü” [y] está después de “j”, “q” o “x” se omite la diéresis y se escribe como “ju”, “qu” o “xu”. Cuando forma por sí misma una sola sílaba, se escribe como “yu”.

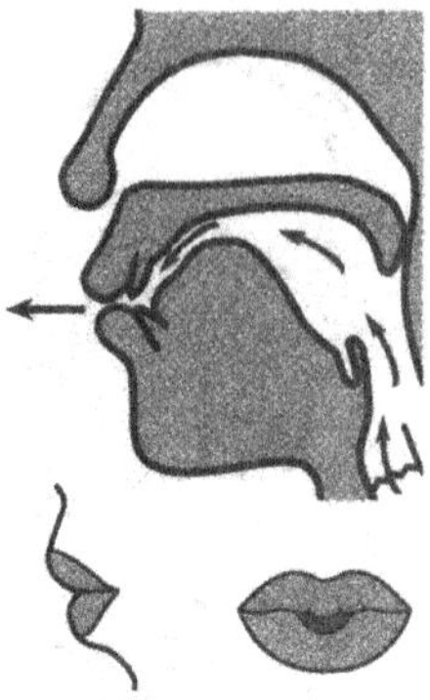

（ü）

西班牙语	汉语	
no hay	nü	lü

i [i]：汉语的 i [i] 与西班牙语的 [i] 发音很相似，汉语的 i 自成音节时要写成 yi。

La “i” [i] en pinyin chino es muy parecida a la [i] en español. Cuando la “i” forma por sí misma una sola sílaba se escribe como “yi”.

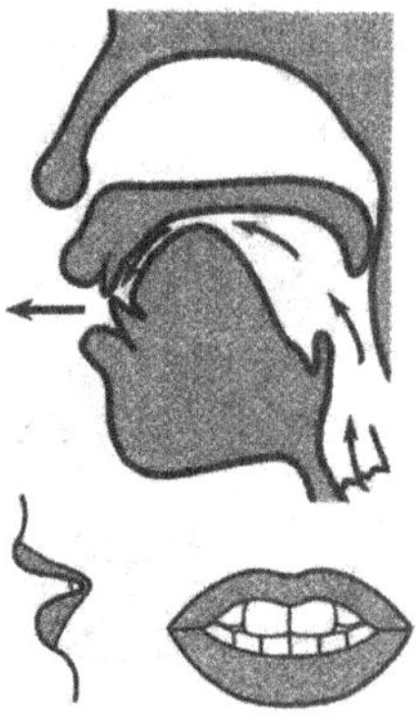

（i）

西班牙语	汉语			
pide	yi	bi	pi	mi
idea	di	ti	ni	li
finiquito				

e [ɤ]：汉语的 e [ɤ] 在西班牙语中没有相似的发音。

La vocal “e” [ɤ] en chino no tiene pronunciación parecida en español.

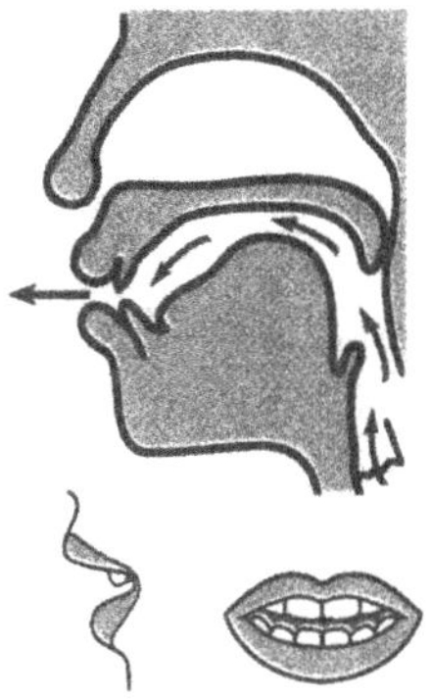

（e）

西班牙语	汉语			
no hay e [ɤ]	me	de	te	ne
	le	ge	ke	he

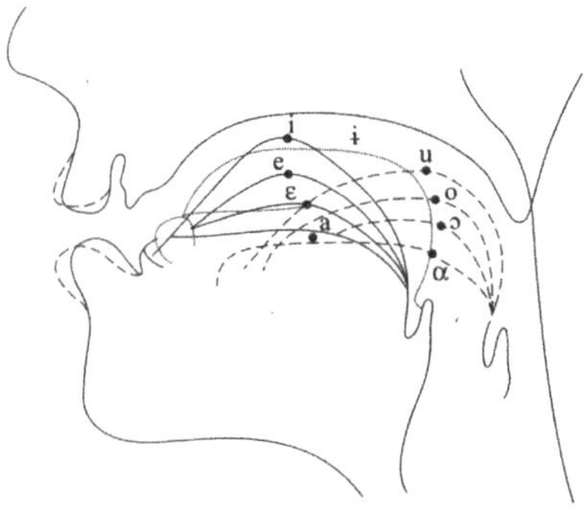

元音舌位图（侧面）
Diagrama de la articulación de la
vocales visto por lado

二、声母（1） Consonantes (1)

汉语中声母 b、p、m、f、d、t、n、l 的发音部位和方法如下：

Las posiciones y maneras de las pronunciaciones de las consonantes “b, p, m, f, d, t, n, l” son:

b [p]: bilabial oclusiva sorda, no aspirada.

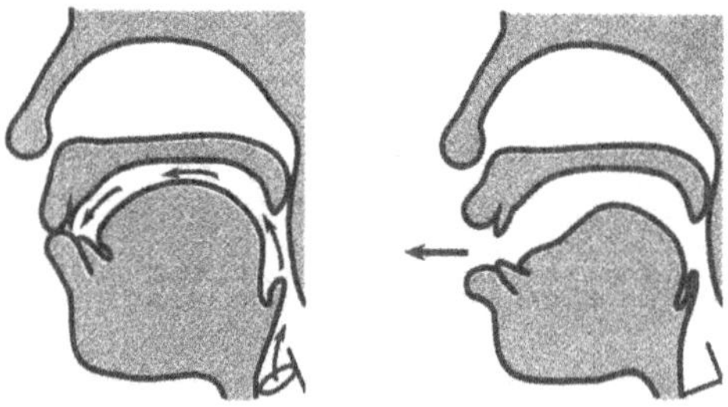

（ba）

p [pʰ]: bilabial oclusiva sorda, aspirada.

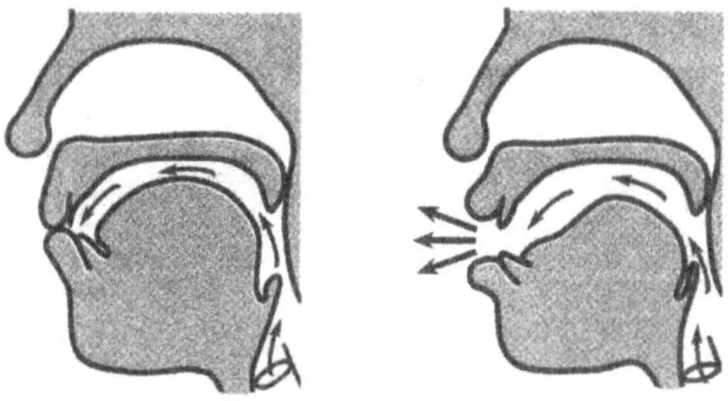

（pa）

m [m]: bilabial sonido nasal, sonora, no aspirada.

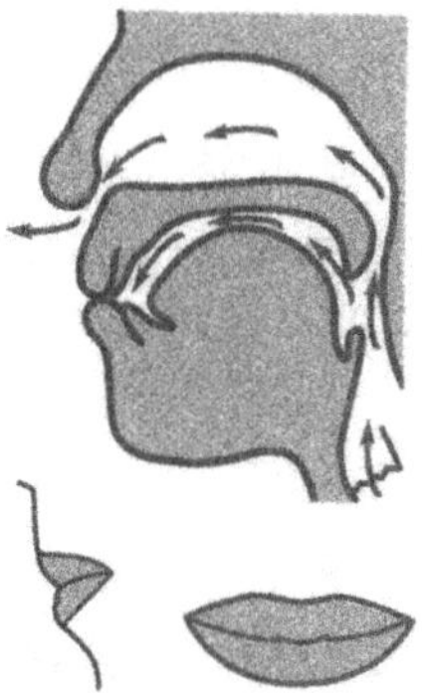

（m）

f [f]: labiodental, asibilada, muda.

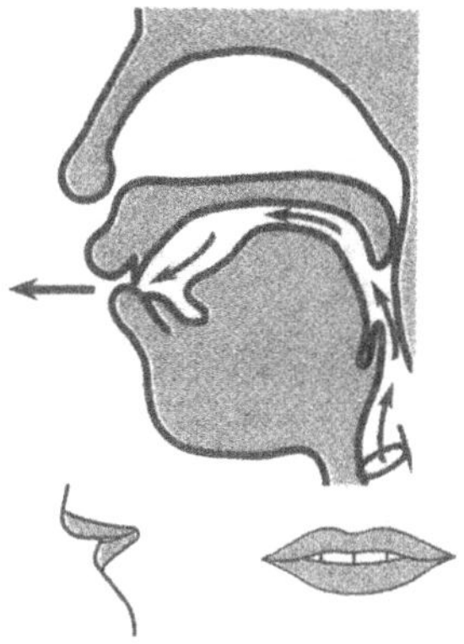

(f)

d [t] : alveolar dorsal, oclusiva, muda, no aspirada.

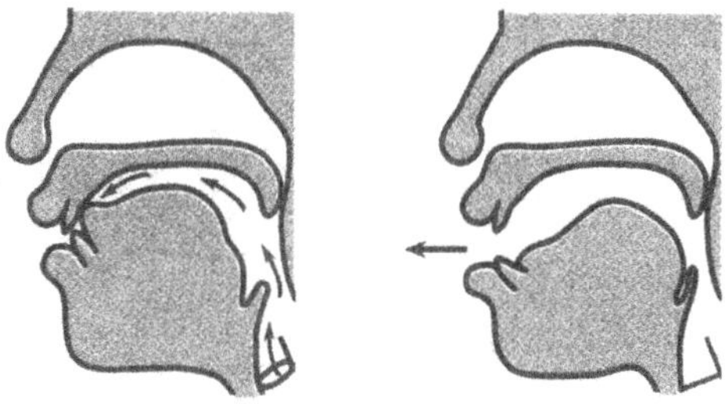

(da)

t [t^h]: alveolar dorsal, oclusiva, muda, aspirada.

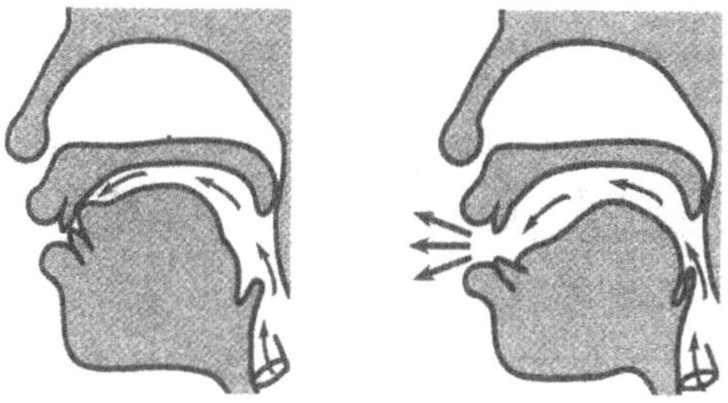

(ta)

n [n]: alveolar dorsal, sonido nasal, sonora.

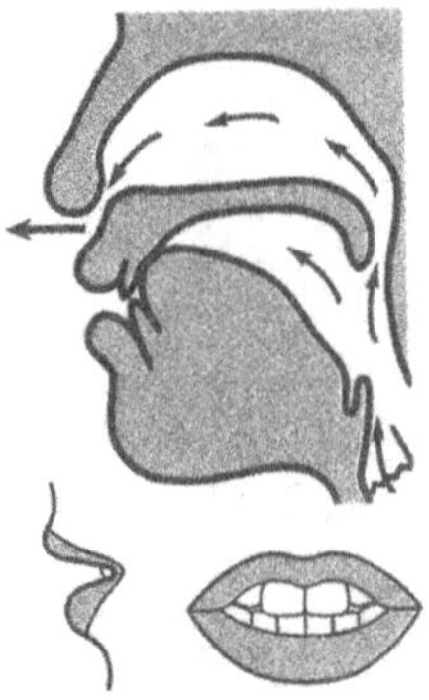

（n）

l [l]: alveolar dorsal, sonido lateral nasal, sonora.

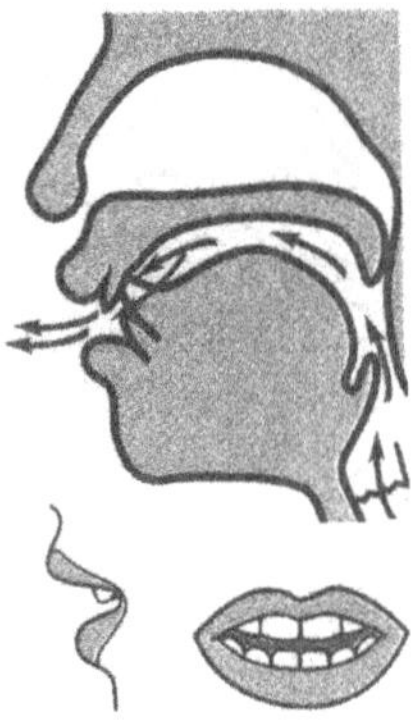

（l）

注意： p[pʰ] 和 t[tʰ] 发送气音。

Nota: Al pronunciar “p” [p] y “t” [t] el aire va de adentro hacia afuera y no de afuera hacia adentro.

三、汉语的声调和调号
Los tonos del chino y sus marcas tonales

汉语是一种声调语言，普通话中有四个基本声调。音节的声调不同，表示的意义也不同。

La lengua china es un tipo de lengua tonal. En la lengua común ("Putonghua") hay cuatro tonos básicos. Diferentes tonos representan diferentes significados.

yī （一, uno） primer tono　　yí （姨, tía） segundo tono

yǐ （椅, silla） tercer tono　　yì （亿, 100 millones） cuarto tono

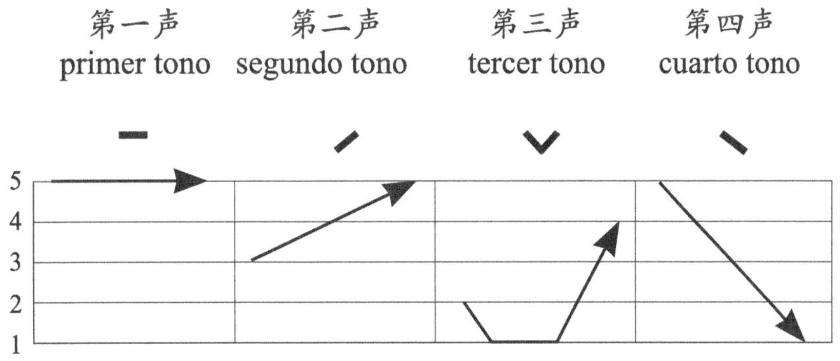

声调示意图　Cuadro de los tonos

当一个音节只有一个元音时，声调符号标在元音上。i 上有调号时，要去掉 i 上的点。例如：yī、ní、tǐ、dì。

El signo tónico debe colocarse sobre la vocal, si hay una sola en la sílaba. Cuando la vocal " i " lleva el signo tónico, el punto se omite. Ej: "yī, ní, tǐ, dì".

四、汉语的轻声 El tono neutro

汉语普通话里有一些音节读得又轻又短，这样的音节叫作轻声。轻声不标调号。第一声、第二声、第四声后面的轻声调值比较低，第三声后面的轻声调值比较高。

En la lengua común algunas sílabas se pronuncian breve y débilmente: es lo que se denomina tono neutro. El tono neutro no lleva ningún signo tónico. Detrás de los tonos primero, segundo y cuarto, el tono neutro se pronuncia relativamente bajo, mientras que detrás de un tono tercero, se pronuncia relativamente alto.

wǒmen	nǐmen	tāmen
dùzi	tùzi	bízi
zǎoshang	dìshang	lùshang
lǐtou	fǔtou	mùtou

五、常用语 Frases usuales

01-1

你好！	Nǐ hǎo!	¡Hola!
再见！	Zàijiàn!	¡Adiós!

六、汉字知识（1）
Sobre los caracteres chinos (1)

汉字的起源与使用

汉字是世界上最古老的文字之一，大约有6000年的历史。殷商时期在龟甲和兽骨上出现的符号已经是相对成熟的汉字了。汉字虽然古老，但今天依然在使用，而且已经成为世界上使用时间最长且使用人数最多的文字了，汉语也成为了联合国的六种工作语言之一。在书法家手中，汉字的书写已经成为了一门风格独特的艺术。篆书、隶书、楷书、行书和草书是书法艺术在中国历史发展进程中逐渐产生的几种代表性字体。

El origen y el uso de los caracteres chinos

Los caracteres chinos son unos de los más antiguos del mundo, con unos 6000 años de antigüedad. Los símbolos que aparecieron en la armadura de tortuga y los huesos de animales durante el período *Yin Shang* ya son caracteres relativamente maduros. Aunque muy antiguos, los caracteres chinos todavía están en uso hoy en día, y se han convertido en los caracteres más utilizados y con más usuarios del mundo. Además, es uno de los seis idiomas de trabajo de las Naciones Unidas. En manos de los calígrafos, la escritura de caracteres chinos se ha convertido en un estilo único de arte. *Zhuan*, *Li*, *Kai*, *Xing* y *Cao* son algunas de las muy variadas escuelas caligráficas cuyos representantes han surgido a lo largo de las diversas disnastías de China.

七、怎样写汉字（1）
Aprenda a escribir caracteres chinos (1)

汉字的基本笔画
Trazos básicos de los caracteres chinos

笔画名称 Nombre trazo	例字 Ej	注释 Significado
点 diǎn（丶）	六 liù 小 xiǎo 河 hé	seis pequeña río
横 héng（一）	一 yī 二 èr 三 sān	uno dos tres
竖 shù（丨）	十 shí 上 shàng 下 xià	diez arriba abajo
撇 piě（丿）	人 rén 儿 ér 木 mù	persona hijo madera
捺 nà（㇏）	八 bā 入 rù 大 dà	ocho entrar grande

（续表）

笔画名称 Nombre radical	例字 Ej	注释 Significado
提 tí（㇀）	地 dì 塔 tǎ 场 chǎng	tierra pagoda campo
折 zhé（㇇）	子 zǐ	hijo

八、练习 Ejercicios

1. 朗读下列音节 Lea las siguientes sílabas 01-2

ā — ō   ō — à   à — é   é — è

é — ó   ó — ò   á — è   ǎ — ó

yǔ — yī   yí — yù   wù— yú   yǐ — yì

wū —wò   wǔ—wǒ   yí —wō   wò— yǔ

2. 朗读下列音节 Lea las siguientes sílabas 01-3

bō bà dā dù nú dī dé

pò pà pó tǔ lā tā tè

mā fā mù dú pī tú pá

dǎ tǎ lǚ lǔ mǐ mǔ fǎ

nǚ ní ná tù dí

3. 按照声调符号朗读下列音节　Lea las siguientes sílabas según los tonos indicados 01-4

mā（mamá）	má（cáñamo）	mǎ（caballo）	mà（insultar）
bā（ocho）	bá（arrancar）	bǎ（blanco）	bà（papá）
yī（uno）	yí（tía）	yǐ（silla）	yì（100 millones）
dā（levantar）	dá（contestar）	dǎ（golpear）	dà（grande）
wū（casa）	wú（sin）	wǔ（cinco）	wù（niebla）

4. 朗读下列含有轻声的音节　Lea las siguientes palabras con tono neutro 01-5

bàba	māma	yéye	dìdi
bóbo	pópo	wǒ de	zǎoshang

5. 根据示意图写出汉语声调的调值　Escriba los signos de los tonos del chino de acuerdo con el diagrama

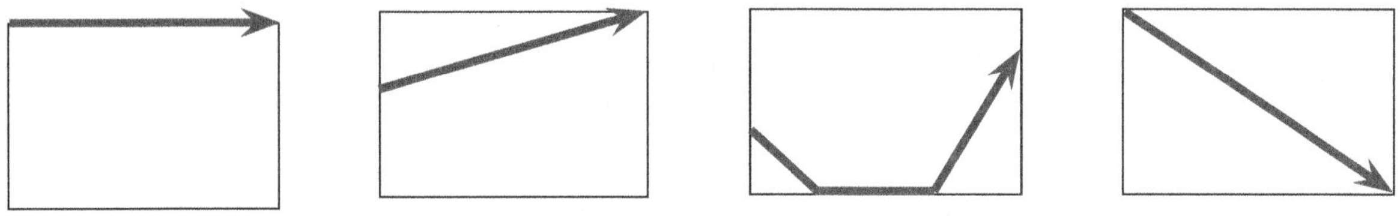

6. 拆分下列汉字的基本笔画并写在后面的横线上　Ubique los trazos básicos de los siguientes caracteres y colóquelos por separado en los guiones correspondientes

十　______　______

三　______　______　______

八　______　______

川　______　______　______

丁 ______ ______

人 ______ ______

刀 ______ ______

口 ______ ______ ______

羊 ______ ______ ______ ______ ______ ______

第二课 语音与汉字（2）

Lección 2 Fonética y caracteres chinos (2)

韵母（2）：复韵母

Finales (2): Grupos vocálicos

ai ei ao ou ia ie ua uo üe iao iou uai uei

韵母（3）：鼻韵母

Finales (3): Vocales nasalizadas

an en ang eng ong ian in iang ing iong

uan uen uang ueng üan ün

声母（2） Consonantes (2)

g k h j q x

一、韵母（2）：复韵母
Finales (2): Grupos vocálicos

1. 比较汉语的二合复韵母和西班牙语的二重元音

Comparación entre los grupos vocálicos del chino y los diptongos del español

汉语的二合复韵母 Grupos vocálicos del chino					西班牙语的二重元音 Diptongos del español	
ai [ai]	bái	mǎi	lái	pái	ai—ay	aire hay
ao [ɑu]	kǎo	máo	láo	tāo	au	causa autor

（续表）

汉语的二合复韵母 Grupos vocálicos del chino					西班牙语的二重元音 Diptongos del español	
ou [ou]	gǒu	kòu	hǒu	tóu	ou	bouquet
					oi—oy	oigo hoy
ei [ei]	gěi	lèi	děi	bēi	ei—ey	veinte
					eu	deuda feudo
ia [iA]	yá	jiā	qià	xià	ia	copia Asia
ie [iɛ]	yē	jié	qiě	xiè	ie	bien siete
ua [uA]	wā	guà	kuǎ	huá	ua	lengua
uo [uo]	wǒ	huǒ	guō	duò	uo	antiguo
üe [yɛ]	yuè	juè	quē	xuě		

2. 比较汉语的三合复韵母和西班牙语的三重元音
Comparación entre los grupos vocálicos del chino y los triptongos del español

汉语的三合复韵母 Grupos vocálicos del chino				西班牙语的三重元音 Triptongos del español	
iao [iɑu]	yào	niǎo	biǎo	iai	cambiáis
iou [iou]	liú	niú	diū	iei	limpiéis
uai [uai]	guài	kuài	huài	uai-uay	averiguáis Uruguay
uei [uei]	duì	guì	huì	uei-uey	acentuéis buey

二、韵母（3）：鼻韵母
Finales (3): Vacales nasalizadas

西班牙语没有鼻韵母 no hay vocales nasalizadas en español	汉语的鼻韵母 Las vocales nasalizadas del chino				
	前鼻音韵母 Las vocales nasalizadas iniciales		后鼻音韵母 Las vocales nasalizadas finales		
	an [an]	en [ən]	ang [ɑŋ]	eng [əŋ]	ong [uŋ]
	ian [iɛn]	in [in]	iang [iɑŋ]	ing [iŋ]	iong [yŋ]
	uan [uan]	uen [uən]	uang [uɑŋ]	ueng [uəŋ]	
	üan [yan]	ün [yn]			

三、声调符号的位置 La posición de las marcas tonales

1. 在复韵母中，声调符号要标在主要元音即开口度最大的元音上。

En los grupos vocálicos, el signo tónico se coloca sobre la vocal principal más fuerte.

gǎo	bái	hēi	kǒu
tián	piào	luán	miáo

2. 复韵母 iou、uei 与声母拼合时分别写成 iu、ui，声调要分别标在 u、i 上；鼻韵母 uen 与声母拼合时要写成 un，声调标在 u 上。

Cuando delante de los grupos vocálicos “iou” y “uei” hay una consonante, se escriben como “iu” y “ui”, y el signo tónico se coloca respectivamente en “u” e “i”. Cuando una consonante va delante del grupo vocálico “uen”, esta se escribe como “un”, y el signo tonal se coloca en “u”.

3. 说西班牙语的学生发汉语的后鼻韵母 ang、eng、ong 时，往往带上辅音韵尾 ng，这是不对的。ng 在汉语音节的最后时只是元音鼻化的象征，g 并不单独发音。

Cuando un hispanohablante pronuncia las vocales nasalizadas “ang, eng, ong” debería prestar atencion en lo siguiente: la letra “g”-que usa el pinyin- no se pronuncia, tan solo es signo de nasalización.

四、声母（2）Consonantes (2)

汉语声母 g、k、h、j、q、x 的发音部位和方法如下：

Posición y forma de pronunciación de las consonantes “g, k, h, j, q, x”:

g [k] : velar oclusiva muda, no aspirada , como en “coco”.

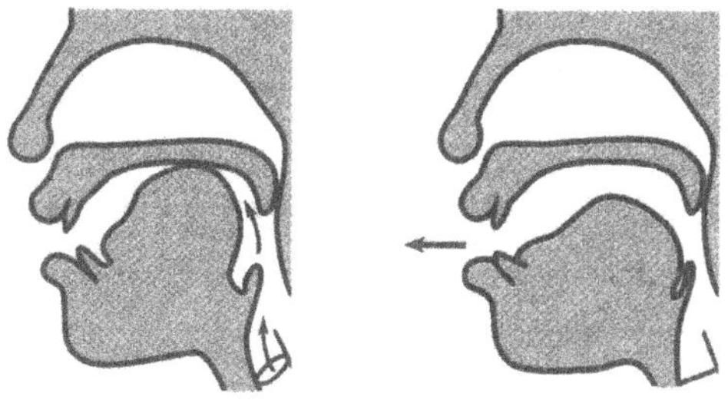

（ga）

k [k^h] : velar oclusiva muda, aspirada, pronunciada fuertemente como en el inglés “key”.

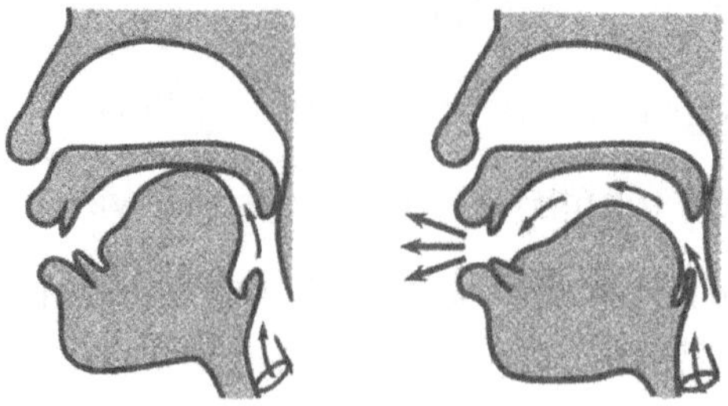

（ka）

h [x] : velar fricativa sorda aspirada. Se pronuncia como la “j” del español, pero no tan fuerte. “hua, huo, huai, huan” no se pueden leer sin “h” aspirada como: “ua, uo, uai, uan”.

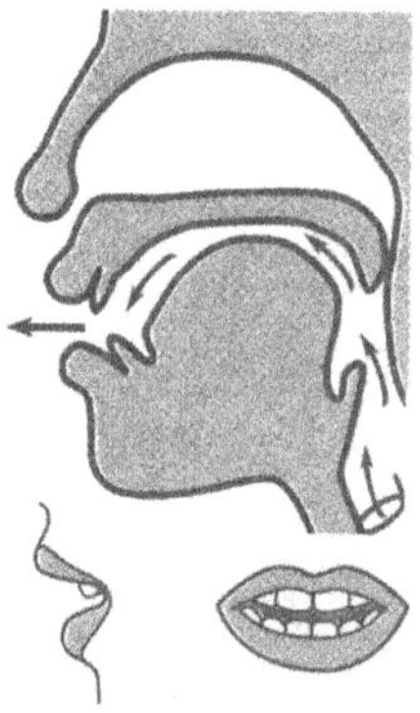

（h）

j [tɕ] : palatal africada sorda no aspirada, siempre seguida de “i” o de “ü”, tiene una pronunciación más apicopalatal que la “ch” castellana en “chico”.

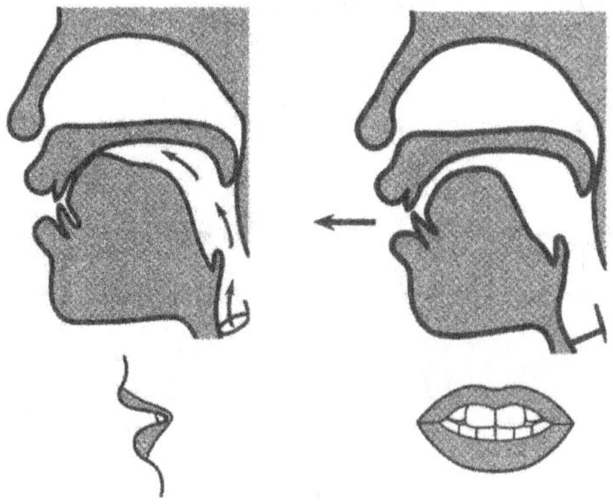

（j）

q [tɕʰ] : palatal africada muda aspirada, siempre seguida de “i” o de “ü”, su pronunciación se aproxima a la “ch” del español en la palabra “chico”.

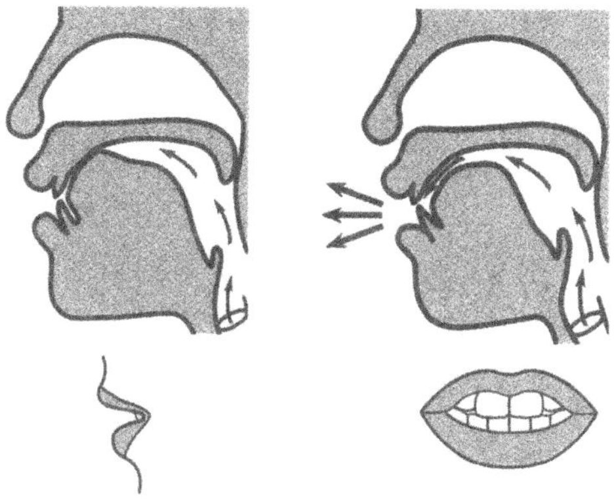

（q）

x [ɕ] : palatal asibilada muda, siempre seguida de “i” o de “ü”, su pronunciación se aproxima a la “s” del español en la palabra “sí”.

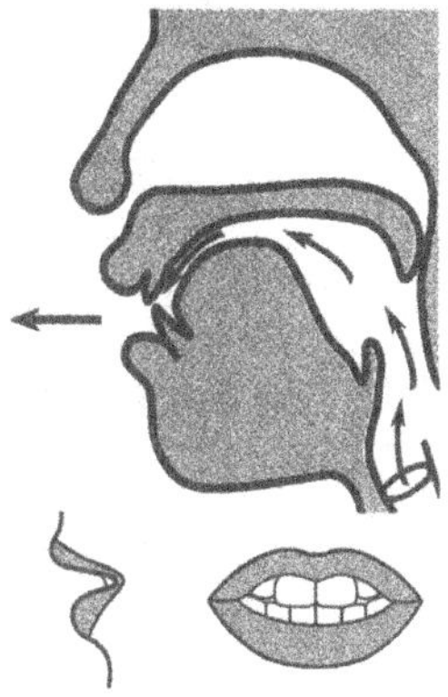

（x）

五、数字（1）：0—10
Números (1): 0–10

零	0	líng	cero				
一	1	yī	uno	六	6	liù	seis
二	2	èr	dos	七	7	qī	siete
三	3	sān	tres	八	8	bā	ocho
四	4	sì	cuatro	九	9	jiǔ	nueve
五	5	wǔ	cinco	十	10	shí	diez

六、常用语 Frases usuales

02-1

谢谢！	Xièxie!	¡Gracias!
不客气！	Bú kèqi!	¡No hay de qué!
不谢！	Bú xiè!	¡De nada !

七、汉字知识（2）
Sobre los caracteres chinos (2)

汉字的数量与检字法

汉字的数量众多。《说文解字》中收录了 9000 多个汉字，《辞海》中收录单字 18000 多个。虽然汉字总数很多，但是只要掌握 3000 至 3500 个汉字就可以写信或交流，甚至可以基本读懂报纸和杂志了。

在日常生活中，人们遇到不认识的汉字时，通常借助词典或字典查阅这个汉字的字音和字义。汉语中常用的检字法有音序检字法和部首检字法两种。音序检字法是按汉字的字音查检汉字的方法，首先要看清所查字的第一个字母是什么，然后在“音节表”里找到这个大写字母，并在大写字母下找到音节，查看它在正文中的页码，最后翻到指定页码即可查到要查的字。部首检字法是按部首查字的方法，首先要确定要查的字的部首，在“部首目录”中找到该部首，并按标明的页码在“检字表”中找到该部首，然后通过除去部首后剩余的笔画数即可找到该字在正文中的页码。

El número de caracteres chinos y los métodos de búsqueda

Hay un gran número de caracteres chinos. El *Sobre los caracteres chinos* (*Shuowen Jiezi*) contiene más de 9.000 caracteres, y el *Gran diccionario* (*Ci Hai*) contiene unos 18.000 caracteres individuales. Aunque el número total de caracteres chinos es grande, dominar de 3.000 a 3.500 caracteres chinos es suficiente para escribir cartas o comunicarse, e incluso para leer periódicos y revistas.

En la vida cotidiana, cuando la gente se encuentra con un carácter chino que no conoce, suele recurrir a un diccionario para comprobar su pronunciación y significado. Los dos métodos más comunes para la comprobación son el fonético y el basado en los radicales. El método fonético es un método de comprobación del carácter según su pronunciación. En primer lugar, es necesario saber la primera letra del carácter deseado. A continuación, hay que buscar esta letra en mayúscula en la "Lista de sílabas", encontrar la sílaba del carácter bajo la letra mayúscula, comprobar su número de página en el diccionario y, finalmente, pasar al número de página especificada para encontrar el carácter que desea comprobar. El método de comprobación basado en los radicales es una forma de buscar una palabra por su radical. En primer lugar, hay que identificar el radical del carácter deseado. Luego, hace falta encontrarlo en la "Lista de radicales", pasar al número de página indicada para encontrar el radical en el "Comprobador de palabras" y, a continuación, encontrar el número de trazos que quedan después de eliminar los del radical para saber el número de página de la palabra en el diccionario.

八、怎样写汉字（2）
Aprenda a escribir caracteres chinos (2)

汉字的复合笔画
Los trazos y la composición de los caracteres chinos

笔画名称 Nombre trazo	例字 Ej	注释 Significado
㇇ (héngpiě)	子 zǐ	hijo, niño
ㄑ (piědiǎn)	女 nǚ	mujer
㇄ (shùwān)	四 sì	cuatro

（续表）

笔画名称 Nombre de los trazos	例字 Ejemplos	注释 Significado
㇕（héngzhé）	马 mǎ	caballo
亅（shùgōu）	你 nǐ	tú
㇜（piězhé）	么 me	qué
㇈（héngzhéwāngōu）	九 jiǔ	nueve
㇟（shùwāngōu）	七 qī	siete
㇆（héngzhégōu）	刀 dāo	cuchillo
㇙（shùtí）	以 yǐ	con el fin de
㇊（héngzhétí）	说 shuō	decir
㇅（héngzhézhé）	远 yuǎn	lejos
㇉（shùzhézhégōu）	写 xiě	escribir

九、练习　Ejercicios

1. 按照四声朗读数字1—10　Lea los números 1-10 según los cuatro tonos　02-2

第一声　Primer tono

一	1	yī
三	3	sān
七	7	qī
八	8	bā

第二声　Segundo tono

十	10	shí

第三声　Tercer tono

五	5	wǔ
九	9	jiǔ

第四声　Cuarto tono

二	2	èr
四	4	sì
六	6	liù

2. 给下列韵母分类　Clasifique los siguientes grupos correspondientes al final de palabras

a	e	o	i	u	ü
ai	ei	ao	ou	an	en
ang	eng	ong	iang	ing	iong
ia	ie	iao	iu	ian	in
ua	uo	uai	ui	uan	un
üe	üan	ün	uang	ueng	

单韵母 Vocales：

____

复韵母 Grupos vocálicos：

____

____

鼻韵母 Vocales nasalizadas：

3. 对比朗读音节 Compare y lea las siguientes sílabas en grupos 02-3

guài — kuài — huài

gǒu — kǒu

děng — téng

hún — kùn

liú — niú

lièqǔ — lüèqǔ

jiào — xiào

jiā — qiā

gěi — hēi

qīnqíng — xīnqíng

fēnpài — fēnpèi

qiántou — quántou

4. 朗读下列音节 Lea las siguientes sílabas en voz alta 02-4

nǐ hǎo	zàijiàn	nǐmen hǎo
jiàoxuélóu	kuàilè	gāoxìng
jiǎndān	yuèfèn	lǐbian
huài	jiātíng	wénhuà
duìbuqǐ	méi guānxi	Hànyǔ
fángjiān	wèntí	hóngdēng

5. 用汉字写出数字 0—10 Escriba en caracteres chinos los números de 0 a 10

6. 写出下列汉字的笔画数 Escriba el número de trazos de las siguientes palabras

子：______画	儿：______画
再：______画	头：______画
日：______画	月：______画
见：______画	音：______画
男：______画	不：______画
汉：______画	语：______画
时：______画	你：______画
班：______画	好：______画

第三课 语音与汉字（3）

Lección 3 Fonética y caracteres chinos (3)

声母（3） Consonantes (3)

z c s zh ch sh r

舌尖前元音 -i [ʅ] 和舌尖后元音 -i [ʅ] La vocal ápico-alveolar "-i" [ʅ] y La vocal ápico-palatal "-i" [ʅ]

一、声母（3） Consonantes (3)

汉语声母 z、c、s、zh、ch、sh、r 的发音部位和方法如下：

Posición y forma de pronunciación de las consonantes "z, c, s, zh, ch, sh, r" son los siguientes:

z [ts]: Alvéolo-palatal africada sorda no aspirada con pronunciación parecida a la "Z" en el euskera y en nombres de algunos lugares en México, tales como "Atzcapotzalco", o "Apatzingán".

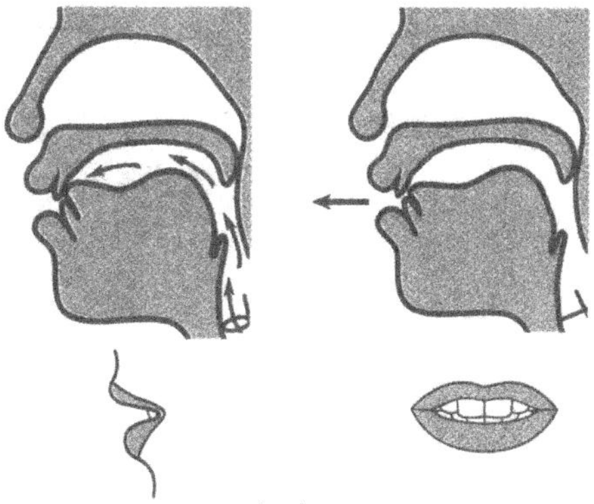

（z）

c [ts^h]: Alvéolo-palatal africada sorda aspirada, con pronunciación más fuerte que la "Z" en la parabra italiana "pazzo" o en la mexicana "Pátzcuaro".

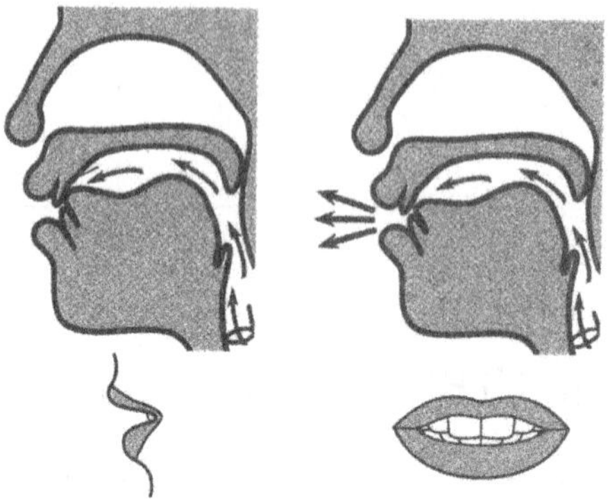

（c）

s [s]: Alvéolo -dental fricativa sorda, de pronunciación aproximada a la "s" española en "sal".

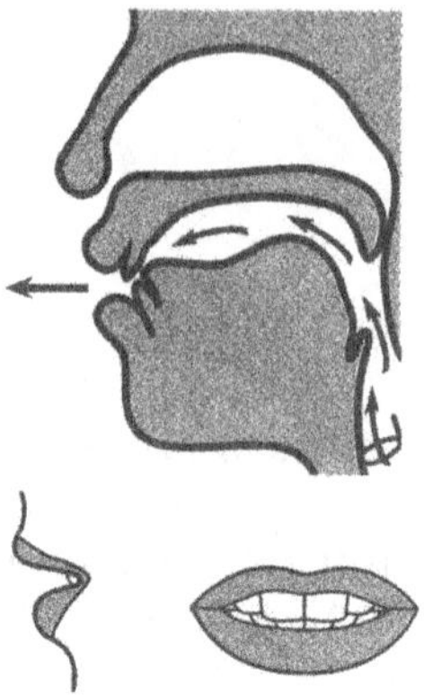

（s）

zh [tʂ]: Alvéolo-palatal retroflexa sorda, no aspirada; se pronuncia doblando la lengua y apoyándola en el paladar.

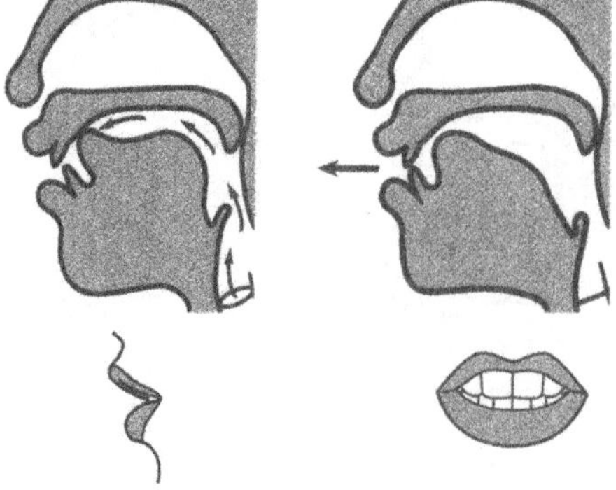

（zh）

ch [tʂʰ]: Alvéolo-palatal retroflexa sorda aspirada, con el mismo punto de articulación que la anterior.

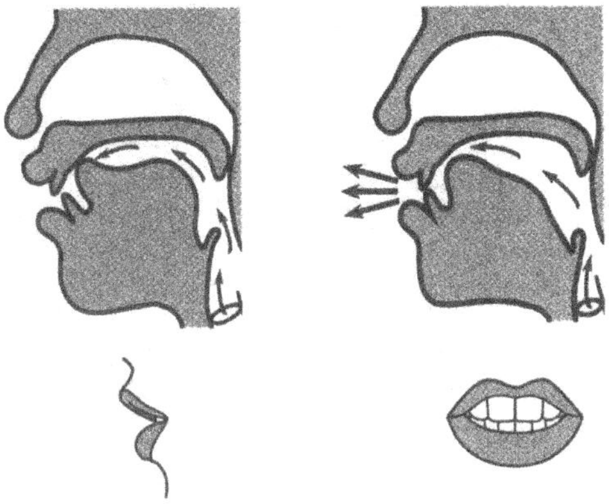

(ch)

sh [ʂ]: Alvéolo-palatal retroflexa sorda fricativa, de pronunciación similar a la "sh" inglesa en "show".

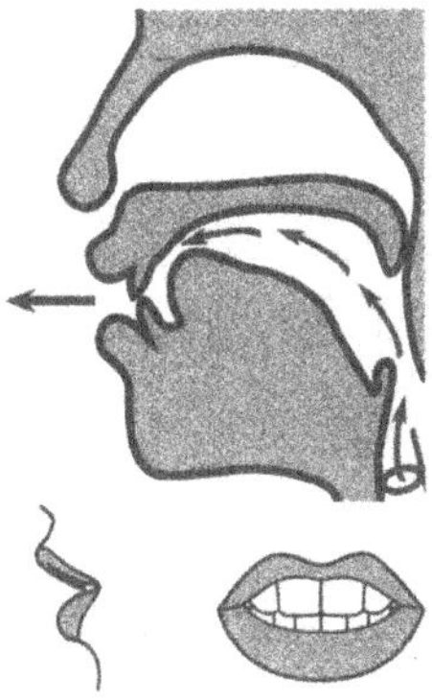

(sh)

r [ʐ]: Alvéolo-palatal retroflexa sorda fricativa, de pronunciación particular: Sonido intermedio entre la "r" española de "loro" y la "j" francesa de "je".

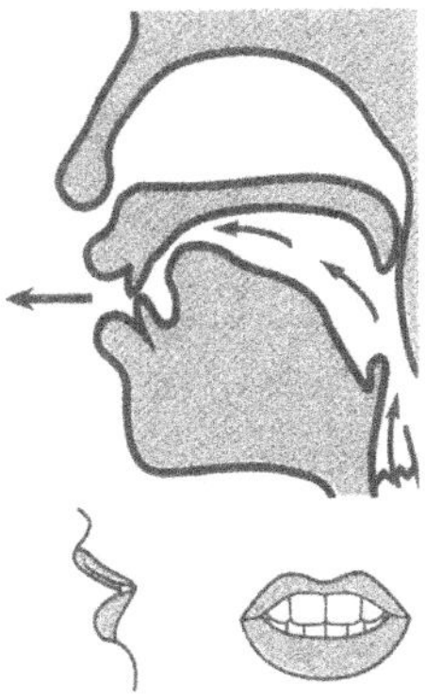

(r)

二、舌尖前元音 -i [ʅ] 和舌尖后元音 -i [ʅ]
La vocal ápico-alveolar "-i" [ɿ] y La vocal ápico-palatal "-i" [ʅ]

zi、ci、si 的韵母是舌尖前元音 [ɿ]，用字母 -i 表示；zhi、chi、shi、ri 的韵母是舌尖后元音 [ʅ]，用字母 -i 表示。因为单韵母 i [i] 不出现在 z、c、s、zh、ch、sh、r 后面，所以 zi、ci、si、zhi、chi、shi、ri 后面的韵母 -i 不能读成 [i]。

La vocal de "zi","ci","si" es la prevocal [ɿ] en la punta de la lengua, que está representada por la letra "-i". La vocal de las sílabas "zhi", "chi","shi" y "ri" es una vocal apicopalatal [ʅ] representada por la letra "-i", que nunca en este caso se lee como [i], ya que en la lengua común (Putonghua) la vocal [i] jamás va pospuesta a "zh", "ch", "sh" y "r".

三、数字（2）：11—10000
Números (2): 11-10000

十一	11	once	三十	30	treinta
十二	12	doce	四十	40	cuarenta
十三	13	trece	五十	50	cincuenta
十四	14	catorce	六十	60	sesenta
十五	15	quince	七十	70	setenta
十六	16	dieciséis	八十	80	ochenta
十七	17	diecisiete	九十	90	noventa
十八	18	dieciocho	一百	100	cien
十九	19	diecinueve	一千	1000	mil
二十	20	veinte	一万	10000	diez mil

四、常用语 Frases usuales

03-1

早上好。	Zǎoshang hǎo.	Buenos días.
晚上好。	Wǎnshang hǎo.	Buenas noches.
早安。	Zǎo'ān.	Buen día.
晚安。	Wǎn'ān.	Buenas noches.

五、汉字知识（3）
Sobre los caracteres chinos (3)

汉字输入法

20世纪末，人类全面进入了信息时代，电脑出现在千家万户，人们只要敲击键盘就可以随心所欲地在电脑上输入文字。但是汉字并非字母系统，想在电脑上输入汉字并非易事。为了解决这个问题，勤劳聪明的中国人发明了许多方法。我们来看看其中的几种：

1. 拼音输入法。这种输入法的优点是不需要记忆很多汉字笔画，缺点是输入速度很慢。对于刚开始学习中文的外国人来说，在若干同音字中选出正确的汉字非常困难。

2. 手写输入法。这也是一种常用的方法，对于掌握基本笔画非常有利。

3. 五笔输入法。这种输入法不需要更改系统，汉字的基本笔画都在键盘上，并且笔画与汉字之间有对应关系，因此可以实现快速盲打。虽然使用五笔输入法需要记忆大量的笔画，但很多人都喜欢用这种输入法。对于外国人而言，五笔输入法可以帮助他们熟悉汉字的基本组成部分，对记忆汉字有很大帮助。

Los caracteres chinos en el ordenador

A finales del siglo XX se entró de lleno a la era de la informática. Los ordenadores aparecieron en las casas de la gente. Con solo apretar el teclado pueden escribir a voluntad. Pero los caracteres chinos no son una estritura alfabética, por lo que su uso en el ordenador no es un asunto sencillo. Para solucionar este problema, los chinos laboriosos, e inteligentes, han inventado varios métodos. A continuación vamos a presentar cuatro de estos métodos:

1. Método de escribir en ordenador basado en el pinyin. Como ventaja, este método no requiere memorizar gran número de signos, y como desventaja, es lento a la hora de teclear. Además para los extranjeros que están empezando a estudiar chino, resulta bastante difícil elegir entre los numerosos caracteres homófonos.

2. Método de escribir en ordenador basado en escribir a mano, que es un método muy útil para dominar los trazos básicos.

3. Método de escritura en ordenador basado en los cinco trazos básicos. Este método no require cambios de sistema, los trazos funtamentales de los caracteres chinos están todos en el teclado, y como existe una correspondencia exacta entre signos y caracteres, se puede escribir usando método ciego, a gran velocidad. Muchos prefieren este método, si bien para aprender a usarlo se necesita memorizar gran cantidad de signos. En cuanto a los extranjeros, el uso de este método les permite familiarizarse con los componentes básicos de los caracteres chinos, y es muy útil para su memorización.

六、怎样写汉字（3）
Aprenda a escribir caracteres chinos (3)

汉字的基本笔顺
Secuencia de trazos básicos de caracteres

规则 Reglas	注释 Significado	例字 Ej
xiān héng hòu shù 先横后竖	primero 一 , después 丨	十　王　干
xiān piě hòu nà 先撇后捺	primero ノ, después ㇏	人　八
cóng shàng dào xià 从上到下	de arriba a abajo	六　三
cóng zuǒ dào yòu 从左到右	de izquierda a derecha	他　好　你
cóng wài dào lǐ 从外到里	de afuera hacia adentro	同　月
xiān wài hòu lǐ zài fēng kǒu 先外后里再封口	primero afuera, después adentro, por último cerrar	因　四　回
xiān zhōngjiān hòu liǎngbiān 先中间后两边	primero el centro, después los dos lados	小　水

七、练习 Ejercicios

1. 认读下列音节 Conozca y lea las siguientes sílabas

03-2

	a	e	ai	ei	ao	ou	u	uo	ui
z	za	ze	zai	zei	zao	zou	zu	zuo	zui
c	ca	ce	cai	cei	cao	cou	cu	cuo	cui
s	sa	se	sai		sao	sou	su	suo	sui
zh	zha	zhe	zhai	zhei	zhao	zhou	zhu	zhuo	zhui
ch	cha	che	chai		chao	chou	chu	chuo	chui
sh	sha	she	shai	shei	shao	shou	shu	shuo	shui
r		re			rao	rou	ru	ruo	rui

2. 认读带有鼻韵母的音节 Conozca y lea las sílabas con vocales nasalizadas

03-3

	an	en	ang	eng	ong	uan	un	uang
z	zan	zen	zang	zeng	zong	zuan	zun	
c	can	cen	cang	ceng	cong	cuan	cun	
s	san	sen	sang	seng	song	suan	sun	
zh	zhan	zhen	zhang	zheng	zhong	zhuan	zhun	zhuang
ch	chan	chen	chang	cheng	chong	chuan	chun	chuang
sh	shan	shen	shang	sheng		shuan	shun	shuang
r	ran	ren	rang	reng	rong	ruan	run	

3. 朗读下列双音节词　Lea las siguientes palabras bisílabas 03-4

tàiyáng	yuèliang	huángguā	luóbo
gūlu	nǚshì	yǎnjing	yǎnjìng
wáwa	gūgu	péngyou	miánhuā
lǎohǔ	gùshi	bōli	piàoliang
rìyuè	rénmíng	rènao	róngguāng
rénmín	róudào	rúguǒ	ruìlì

4. 绕口令　Trabalenguas 03-5

四是四，十是十，
十四是十四，四十是四十。
四不是十，十也不是四，
十四不是四十，四十也不是十四。

Sì shì sì, shí shì shí,
shísì shì shísì, sìshí shì sìshí.
Sì bú shì shí, shí yě bú shì sì,
shísì bú shì sìshí, sìshí yě bú shì shísì.

5. 根据拼音认读汉字　Conozca y lea los siguientes caracteres según el pinyin

（1）人	rén	persona	（2）从	cóng	desde
（3）众	zhòng	multidud	（4）你	nǐ	tú
（5）大	dà	grande	（6）好	hǎo	bueno
（7）入	rù	entrar	（8）八	bā	ocho
（9）木	mù	madera	（10）林	lín	bosque
（11）森	sēn	planta	（12）来	lái	venir
（13）朱	zhū	escarlata	（14）本	běn	cuaderno

6. 把下列汉字翻译成西班牙语　Traduzca al español los siguientes caracteres

（1）人 rén ________　　（2）从 cóng ________

（3）众 zhòng ________　　（4）木 mù ________

（5）林 lín ________　　（6）森 sēn ________

（7）朱 zhū ________　　（8）来 lái ________

（9）未 wèi ________　　（10）末 mò ________

（11）夫 fū ________　　（12）八 bā ________

（13）入 rù ________

7. 根据拼音检索下列汉字　Basándose en el pinyin, busque los siguientes caracteres chinos

tǔ	shì	gōng	wáng	yù	fēng	rén	cóng	zhàng
土	士	工	王	玉	丰	人	从	众

rù	bā	mù	lín	sēn	tiān	fū	lái
入	八	木	林	森	天	夫	来

8. 朗读下列汉字并写出相应的阿拉伯数字　Lea los siguientes caracteres chinos en voz alta y escriba los números arábigos correspondientes

十一________　十二________　十三________　十四________

十五________　十六________　十七________　十八________

十九________　二十________　三十________　四十________

一百________　一千________　一万________

第四课 语音与汉字（4）

Lección 4 Fonética y caracteres chinos (4)

韵母（4）：卷舌韵母 er
Finales (4): la vocal retroflexa “er”

儿化韵　la retroflexión vocálica

隔音符号　signo separativo

一、韵母（4）：卷舌韵母 er
Finales (4): La vocal retroflexa “er”

értóng	niño	érzi	hijo
ěrduo	oreja	èrshíwǔ	veinticinco
ěrhuán	pendiente	èrbǎi wǔ	tonto, doscientos cincuenta
ěrmù	espía	èr chóngchàng	dúo

二、儿化韵 La retroflexión vocálica

1. 什么叫“儿化韵”？ ¿Qué es la retroflexión vocálica?

“儿化”指的是一个音节中韵母带上卷舌色彩的特殊音变现象，这种卷舌的韵母就叫作“儿化韵”。用汉语拼音拼写儿化音节时，只需要在原来的音节末尾加上“r”（表示卷舌动作）就可以了。例如：

“儿化” se refiere al fenómeno sonoro especial en el que la rima cambia y se modifica la lengua, que se llama “儿化韵”. Al deletrear sílabas con el pinyin solo necesita agregar “r” (para representar la acción de la lengua) después de la sílaba original.

huā-r	huār	花儿	florecilla
gē-r	gēr	歌儿	canción
xiǎoniǎo-r	xiǎoniǎor	小鸟儿	pajarito
xiǎoshù-r	xiǎoshùr	小树儿	arbolito

zǐ-r	zǐr	籽儿	semilla
cì-r	cìr	刺儿	espina
shì-r	shìr	事儿	asunto

xiǎoyú-r	xiǎoyúr	小鱼儿	pececito
xiǎojī-r	xiǎojīr	小鸡儿	pollito

yíkuài-r	yíkuàir	一块儿	un pedazo
xìn-r	xìnr	信儿	recado
lún-r	lúnr	轮儿	rueda

bāngmáng-r	bāngmángr	帮忙儿	hacer un favor
huāpíng-r	huāpíngr	花瓶儿	florero

2. 儿化韵的功能　Función gramatical de la retroflexión vocálica

“儿化”不是单纯的语音现象，它在语言中有着一定的修辞和语法功能。

La terminación retroflexa “er” puede tener dos funciones: una gramatical y otra retórica.

（1）表达喜爱的感情和亲切温和的语气。Expresión de cariño o afecto (Se da sobre todo en el dialecto pekinés).

huār	florecilla	花儿
xiǎoniǎor	pajarito	小鸟儿

（2）形容细小、轻微的性质或状态。Sirve para formar diminutivos.

yìdiǎnr	un poco(de algo)	一点儿

（3）区别词义。Modifica el significado de una palabra.

tóu	cabeza	头	⟶	tóur	jefe	头儿
xìn	carta	信	⟶	xìnr	recado	信儿

（4）转换词性。Convierte la palabra en un sustantivo.

	动词		⟶		名词	
	verbo		⟶		sustantivo	
gài	tapar	盖	⟶	gàir	tapadera	盖儿
huà	dibujar	画	⟶	huàr	cuadro	画儿
zhào	cubrir	罩	⟶	zhàor	cubierta	罩儿

	形容词		⟶		名词	
	adjetivo		⟶		sustantivo	
jiān	puntiagudo	尖	⟶	jiānr	punta	尖儿
pòlàn	roto	破烂	⟶	pòlànr	harapos	破烂儿
liàng	claro	亮	⟶	liàngr	luz	亮儿

三、隔音符号 Signo separativo

ɑ、o、e 开头的音节出现在其他音节后面时，为了使音节界限清楚，不致混淆，要用隔音符号（’）隔开。

Cuando en una palabra bisílaba la segunda sílaba comienza por “ɑ” “o” “e”, para evitar confusiones debe intercalarse el signo separativo “ ’ ”.

Xī’ān	西安	nombre de ciudad
pí’ǎo	皮袄	chaquetón de piel
yú’é	余额	saldo
míng’é	名额	cupo de personas

四、常用语 Frases usuales

04-1

劳驾！	Láojià!	¡Por favor!
麻烦你一下！	Máfan nǐ yíxià!	¡Por favor!
不好意思，打扰了。	Bù hǎoyìsi, dǎrǎo le.	Siento haberle molestado, Lamento molestarte.
祝你一路平安！	Zhù nǐ yílù píng’ān!	¡Feliz viaje!

五、汉字知识（4）
Sobre los caracteres chinos (4)

汉字的造字方法

东汉时期（公元25—220年），许慎编纂了第一部系统分析字形和考究字源的字书《说文解字》，将汉字的造字方法划分为六类，其中的四类为象形、指事、会意和形声。

象形是截至目前最古老的造字方法。在商朝（公元前1600—公元前1046年），最初的文字符号是根据物体的形态在兽骨或龟甲上刻画出来的，例如汉字“羊（）”和“月（）”。

指事是在象形字上加指事符号的造字方法。这些指事符号表明物体的位置或表示新构成的汉字的含义。例如：在象形字“木”下面添加一横，就变成了“本”，表示“基础、地基或根茎”；如果在“木”上面添加一横，就变成了“末”，表示“尖端、末尾”。

会意是用两个或更多的部分（汉字或基本笔画）构成汉字的造字方法，构成的新字被赋予了新的含义。例如：如果我们写三个“人”，就会得到汉字“众”，意为“很多人”；将汉字“口”与“鸟”组合，就能组成新字“鸣”，意为“（鸟或昆虫）叫”。

形声是用形旁和声旁构成汉字的造字方法。例如：在汉字“湖”中，“氵”是表意的形旁（表明这个字的含义与水相关），“胡”（hú）是表音的声旁，用来提示字音。

由于形声字的组成很简单，而且便于阅读和理解，因此与其他三种造字法相比，形声造字法应用最为广泛，形声字的数量也更多。《说文解字》中收录了9000多个汉字，其中89%都是形声字。在现代汉字中，形声字约占90%。

La creación de los caracteres chinos

En la dinastía Han de Este (25-220 d.C.), Xu Shen recopiló el primer diccionario en chino *Sobre los caracteres chinos*, en el cual clasificó seis clases etimográficas de caracteres chinos, que comprenden signos gráficos, derivados de signos gráficos, caracteres asociados y caracteres pictofonéticos.

Los signos gráficos son los caracteres chinos más antiguos conocidos hasta ahora. Estos primeros signos se formaron como dibujos de acuerdo con la forma de las cosas, tales como los caracteres "羊" (oveja) y "狗" (perro) en las inscripciones sobre huesos o caparazones de tortuga, de la dinastía Shang (1600 a.C. al 1046 a.C.)

Existen caracteres derivados de estos que se forman de los mismos más algún signo abstracto que indica la ubicación de las cosas o expresan el significado específico del nuevo carácter formado. Por ejemplo, cuando se pone un guión en la parte inferior del signo gráfico "木" (madera) este convierte en un carácter "本", que significa "la base, el fundamento o la raíz", y si se pone un guión en la parte superior de "木", este convierte en un carácter "末", que quiere decir "punta, extremo, final, etc."

Los caracteres asociados se componen de dos o más partes (carácter o trazo radical) que al juntarse dan un nuevo significado. Por ejemplo: Si escribimos tres caracteres "人" (persona) se crea un nuevo carácter "众", que significa "multitud de gente". Combinar el carácter "口" (boca) y el "鸟" (pájaro) da un nuevo carácter "鸣" que significa piar.

Los caracteres pictofonéticos están formados de un componente pictográfico y otro fonético. Por ejemplo: en el "湖", "氵" (agua) representa el radical que expresa el significado del carácter (algo que ver con agua) y "胡" es el componente fonético, es decir, el sonido del mismo.

Los caracteres pictofonéticos son más acogidos porque su composición es sencilla y fácil de leer y comprender. El diccionario *Sobre los caracteres chinos* acumuló 9.000 caracteres, de los cuales el 89% eran pictofonéticos. En los caracteres chinos modernos, los pictofonéticos ocupan el 90%.

六、怎样写汉字（4）
Aprenda a escribir caracteres chinos (4)

汉字的结构 Estructura	图示及例字 Esquema y ejemplo			
左右结构 （含左中右结构）	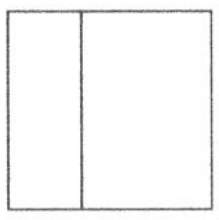 nǐ 你	 hǎo 好	 tā 他	 jí 级
	 mā 妈	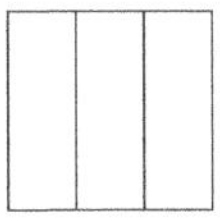 bān 搬	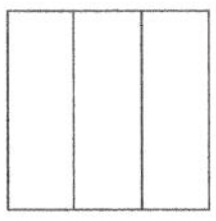 xiè 谢	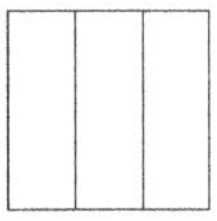 hú 湖

七、练习　Ejercicios

1. 认读下列汉字　Conozca y lea los siguientes caracteres

盖	gài	⟶	盖儿	gàir
画	huà	⟶	画儿	huàr
罩	zhào	⟶	罩儿	zhàor
尖	jiān	⟶	尖儿	jiānr
破烂	pòlàn	⟶	破烂儿	pòlànr

2. 朗读下列含轻声音节的词语 Lea las siguientes sílabas con tono neutro 04-2

杯子	bēizi	盘子	pánzi
鼻子	bízi	瓶子	píngzi
木头	mùtou	斧头	fǔtou
石头	shítou	锄头	chútou
路上	lùshang	车上	chē shang
飞机上	fēijī shang	火车上	huǒchē shang
晚上	wǎnshang	地上	dìshang
先生们	xiānshengmen	朋友们	péngyoumen
老师们	lǎoshīmen	学生们	xuéshēngmen

3. 区别 z、c、s 和 zh、ch、sh 的发音，注意发音部位的不同
Distinga la pronunciación de “z, c, s” de la de “zh, ch, sh”. Preste atención en la diferencia del punto de articulación 04-3

zài — zhài	cā — chā
zǒu — zhǒu	cū — chū
zuì — zhuì	cái — chái
zǎo — zhǎo	cáo — cháo
sú — shú	zhōu — chōu
sǎ — shǎ	zhāng — chāng
sì — shì	shān — shài
sǒu — shǒu	zuì — cuì

4. 根据拼音认读下列汉字 Conozca y lea las siguientes caracteres según el pinyin

大	小	上	下	儿
dà	xiǎo	shàng	xià	ér
grande	pequeño	arriba	abajo	hijo

花	华	化	画	话
huā	huá	huà	huà	huà
flor	China	transformar	dibujo	palabra

5. 根据拼音提示用下列汉字组词　Utilice los siguientes caracteres para crear palabras compuestas

男　女　人　入　口

男	+	人	⟶	男人	nánrén	hombre
______		______	⟶	________	nǚrén	mujer
______		______	⟶	________	rénkǒu	habitante
______		______	⟶	________	rùkǒu	entrada

6. 听老师读然后写出下列汉字的拼音，并在字典中检索下列汉字　Escriba el pinyin de los siguientes caracteres escuchando al profesor. Luego búsquelos en el diccionario

打________	扰________	请________	听________
说________	读________	班________	级________
谢________	不________	客________	气________
汉________	语________	叫________	哪________
知________	道________	老________	师________

7. 写出下列汉字的笔画数　Escriba el número de trazos de los siguientes caracteres

桥：______画	桃：______画	桂：______画
灭：______画	灾：______画	灰：______画
铝：______画	钾：______画	钙：______画
煎：______画	熬：______画	杰：______画

第五课 语音与汉字（5）

Lección 5 Fonética y caracteres chinos (5)

汉语的单音节词与多音节词　Palabras monosilábicas y polisilábicas

汉语的词重音　Acentuación de las palabras en chino

汉语句子的类型及语调
La entonación de diferentes tipos de oraciones en chino

一、汉语的单音节词与多音节词 Palabras monosilábicas y polisilábicas

结构 Estructura	示例 Ejemplos	拼音 Pinyin
单音节词 Palabras monosilábicas	大 小 多 少	dà xiǎo duō shǎo
双音节词 Palabras bisilábicas	朋友 买卖 高兴 平安	péngyou mǎimai gāoxìng píng'ān
三音节词 Palabras trisilábicas	展览馆 办公室 停车场	zhǎnlǎnguǎn bàngōngshì tíngchēchǎng

（续表）

结构 Estructura	示例 Ejemplos	拼音 Pinyin
多音节词 Palabras polisilábicas	怪里怪气 奥林匹克	guàiliguàiqì Àolínpǐkè

二、汉语的词重音
La acentuación de las palabras en chino

1. 带轻声的词重音一般在第一个音节上 En las palabras con sílaba de tono neutro el acento recae generalmente sobre la primera sílaba

东西 dōngxi	时候 shíhou	桌子 zhuōzi	喜欢 xǐhuan	地方 dìfang	星星 xīngxing
石头 shítou	朋友 péngyou	地道 dìdao	豆腐 dòufu	哥哥 gēge	

2. 双音节词、三音节词单念时重音一般在最后一个音节上 Las palabras bisilábicas y trisilábicas generalmente se acentúan en la última sílaba

星期 xīngqī	大学 dàxué	文化 wénhuà	音乐 yīnyuè
葡萄酒 pútaojiǔ	冰激凌 bīngjīlíng	芭蕾舞 bāléiwǔ	保龄球 bǎolíngqiú

三、汉语句子的类型及语调
La entonación de diferentes tipos de oraciones en chino

汉语中句类不同，句子的语调也是不同的。

En la lengua china se dan distintos tipos funcionales de oraciones, cuya entonación es diferente.

1. 陈述句：一般用平调，调子始终保持同样的高低。

   Oraciones enunciativas: Generalmente con una entonación plana, la entonación ni sube ni baja sino que se mantiene.

我是老师。	Wǒ shì lǎoshī.
他在办公室。	Tā zài bàngōngshì.
她有书包。	Tā yǒu shūbāo.

2. 疑问句：一般用升调。

   Oraciones interrogativas: Normalmente con una entonación ascendente.

你去哪儿？	Nǐ qù nǎr?
谁是大夫？	Shéi shì dàifu?
你家有几口人？	Nǐ jiā yǒu jǐ kǒu rén?

3. 祈使句：一般用降调。

   Oraciones exhortativas: Generalmente con una entonación descendente.

请进！	Qǐng jìn!
请你过来一下！	Qǐng nǐ guòlái yíxià!
我们一起走吧！	Wǒmen yìqǐ zǒu ba!

4. 感叹句：一般用降调。

Oraciones exclamativas: Normalmente con una entonación descendente.

但愿如此！	Dàn yuàn rúcǐ!
北京的夜晚真美呀！	Běijīng de yèwǎn zhēn měi ya!
真糟糕！	Zhēn zāogāo!

四、常用语　Frases usuales

05-1

1. 表示感谢　Expresiones de agradecimiento

多谢了！	Duōxiè le!	¡Muchas gracias!
真是太感谢你了！	Zhēn shì tài gǎnxiè nǐ le!	¡Le estoy muy agradecido!
太谢谢你了！	Tài xièxie nǐ le!	¡Muchas gracias!

2. 表示歉意　Expresiones de disculpa

对不起！	Duìbuqǐ!	¡Perdón!
请原谅！	Qǐng yuánliàng!	¡Discúlpeme! ¡Por favor perdóneme!
抱歉，我来晚了。	Bàoqiàn, wǒ láiwǎn le.	¡Lo siento! Llegué tarde.

五、汉字知识（5）
Sobre los caracteres chinos (5)

书法（1）

书法和绘画同源，不单纯是因为二者使用相同的工具——毛笔、墨汁、宣纸和砚台，还因为一个画家往往同时也是一个书法家，反之亦然。无论是书法还是绘画，在用笔方面都要做到果断、有力、敏捷、自信和灵活。毛笔的使用是通过练习书写实现的。

在古代中国，有些书法家同时还是诗人、雕刻家、学者、政府官员和画家。

Caligrafía (I)

La caligrafía y la pintura tienen la misma raíz, no solamente porque se utilizan los mismos materiales: pincel, tinta, papel y tintero chino, sino también se debe a que para ser pintor hay que ser calígrafo y viceversa. Tanto la caligrafía como la pintura necesitan decisión, fuerza, agilidad, seguridad, sutileza y flexibilidad en el uso del pincel, lo cual solo se logra practicando.

En la antigua China, algunos calígrafos eran poeta, músico, grabador, erudito, funcionario del gobierno y pintor al mismo tiempo.

六、怎样写汉字（5）
Aprenda a escribir caracteres chinos (5)

汉字的结构 Estructura	图示及例字 Esquema y ejemplo			
上下结构 （含上中下结构）	 xiǎng 想	 huā 花	 yì 意	 sī 思
	 yì 翼	 xué 学	 zì 字	 xiě 写

七、练习　Ejercicios

1. 朗读下列音节　Lea las siguientes palabras　05-2

shāngdiàn	gānjìng	tiānqì
qīngnián	kēxué	nénggòu
bàngōngshì	pīngpāngqiú	diànbīngxiāng
yuánzhūbǐ	zuòyèběn	zìxíngchē
qiānfāng-bǎijì	chéngqiān-shàngwàn	sānxīn-èryì
yìxīn-yíyì	Àolínpǐkè	Yīsīlánjiào
yílù píng'ān	yìfān-fēngshùn	huàshé-tiānzú

2. 将下列汉字按结构分类并朗读　Clasifique los siguientes caracteres chinos según su estructura y léalos en voz alta

yuàn 苑	zhǎo 找	shuāng 霜	dìng 定	jiàn 剑
zhāo 招	dā 搭	gē 哥	gé 格	děng 等

上下结构　Estructura de arriba a abajo:

____

左右结构　Estructura de izquierda a derecha:

____

3. 请查字典检索下列汉字并注音　Busque los siguientes caracteres en el diccionario y escriba su pinyin

学__________　　声__________

写__________　　音__________

念__________　　笔__________

美__________　　感__________

4. 查字典，给下列生词的拼音标上声调并说出意思　Busque las siguientes palabras en el Diccionario de chino, marque el tono correspondiente y diga el significado en español

商店 shangdian	干净 ganjing
天气 tianqi	便宜 pianyi
青年 qingnian	年纪 nianji
科学 kexue	能够 nenggou
办公室 bangongshi	乒乓球 pingpangqiu
电冰箱 dianbingxiang	电视机 dianshiji
办公楼 bangonglou	作业本 zuoyeben
自行车 zixingche	多媒体 duomeiti

5. 写出下列汉字的笔画数 Escriba el número de trazos de los siguientes caracteres

爸：_____画	学：_____画	去：_____画
您：_____画	会：_____画	买：_____画
帮：_____画	要：_____画	家：_____画
告：_____画	怎：_____画	男：_____画

第六课 语音与汉字（6）

Lección 6 Fonética y caracteres chinos (6)

变调 Variaciones tonales

“啊”的音变 Variaciones de la interjección [wa]、[ya]、[na]、[ŋa]、[ʐA]、[zA]

一、变调 Variaciones tonales

汉语的每一个音节都有固定的调值，但是音节与音节连接得很紧密的时候，有些音节的调值会发生变化，这种现象叫变调。

En chino, cada sílaba tiene su tono fijo, pero al pronunciar seguidas algunas sílabas, a veces se producen cambios de tono. Este fenómeno se llama “variaciones tonales”, que obedecen a las siguientes normas:

1. 第三声的变调 Variaciones tonales del tercer tono

（1）两个第三声的音节连读，前一个音节要读成第二声。 Cuando van unidas dos sílabas de tercer tono, la primera se pronuncia en segundo tono (aunque el signo tonal no varía)

你好 nǐ hǎo	展览 zhǎnlǎn
了解 liǎojiě	可以 kěyǐ
表演 biǎoyǎn	语法 yǔfǎ

（2）半三声 Tono semitercero

1）第三声在第一声、第二声、第四声前面时，读成半三声，即只读原来第三声的前一半降调。

Cuando un tercer tono precede a un tono primero, segundo o cuarto, se pronuncia como medio tercer tono (tono semitercero), es decir, un tono en el que solamente se pronuncia la primera mitad del tono, la descendente.

老张（Lǎo Zhāng） 很长（hěn cháng）

很烫（hěn tàng） 很大（hěn dà）

2）第三声在轻声前面时，也应读成半三声。

Un tercer tono seguido de un tono neutro se convierte en tono semineutro también.

椅子（yǐzi） 斧子（fǔzi） 板子（bǎnzi） 曲子（qǔzi）

2.“一”的变调 Variaciones tonales de “一”

（1）用在词句末尾或单念表示序数、基数时读第一声。

“一” se pronuncia en primer tono cuando se encuentra al final de una oración o de una palabra y, cuando expresa un número ordinal o cardinal.

万一（wànyī） 统一（tǒngyī） 一（yī） 第一（dì-yī）

十一（shíyī） 第十一（dì-shíyī） 四百零一（sìbǎi líng yī）

（2）后面紧跟第一声、第二声、第三声时读第四声。

“一” seguido del primero, segundo o tercer tono, se pronuncia en cuarto tono.

一天（yì tiān） 一只（yì zhī） 一周（yì zhōu）

一年（yì nián） 一直（yìzhí） 一时（yìshí）

一两（yì liǎng） 一碗（yì wǎn） 一起（yìqǐ）

（3）后面紧跟第四声时读第二声。

“一” seguido de un cuarto tono, se pronuncia en segundo tono.

一个（yí gè） 一切（yíqiè）

一块儿（yíkuàir） 一阵（ yí zhèn）

（4）夹在重叠动词中间时读轻声。

"一" cuando está intercalada entre dos palabras que forman una expresión, se pronuncia en tono neutro.

看一看（kàn yi kàn）　　听一听（tīng yi tīng）

说一说（shuō yi shuō）　　写一写（xiě yi xiě）

3. "不"的变调　Variaciones tonales de "不"

（1）"不"在第一声、第二声、第三声前均读第四声。

Seguido del primero, segundo y tercer tono "不" se pronuncia en cuarto tono.

不听（bù tīng）　　不读（bù dú）　　不好（bù hǎo）

不安（bù'ān）　　不行（bùxíng）　　不少（bù shǎo）

（2）"不"在第四声前读第二声。

Si "不" precede al cuarto tono, se pronuncia en segundo tono "bú".

不去（bú qù）　　不会（bú huì）　　不利（búlì）

不对（búduì）　　不要（búyào）　　不是（bú shì）

（3）"不"用在可能补语中或夹在相同动词中间时读轻声。

Cuando "不" va en medio de dos palabras, se pronuncia en tono neutro.

了不起（liǎobuqǐ）　　去不去（qù bu qù）

吃不了（chībuliǎo）　　看不看（kàn bu kàn）

二、"啊"的音变
Variaciones de la interjección [wa]、[ya]、[na]、[ŋa]、[ʐA]、[zA]

语气词"啊"发音时往往受前字读音的影响而产生音变。具体如下：

La pronunciación de la interjección "啊" a menudo está influenciada por la pronunciación de la palabra anterior y produce un cambio de tono, que obedece a las siguientes normas:

（1）前字末尾音素是 a、o、e、i、ü 时，读成 ya。例如：

Se lee como “ya” cuando el fonema final de la palabra que le precede es “a”, “o”, “e”, “i”, “ü”. Por ejemplo:

多美啊 duō měi — a ⟶ 多美呀 duō měi ya

（2）前字末尾音素是 u 时，读成 wa。例如：

Se lee como “wa” cuando el fonema final de la palabra que le precede es “u”. Por ejemplo:

真好啊 zhēn hǎo — a ⟶ 真好哇 zhēn hǎo wa

加油啊 jiāyóu — a ⟶ 加油哇 jiāyóu wa

（3）前字末尾音素是 n 时，读成 na。例如：

Se lee como “na” cuando el fonema final de la palabra que le precede es “n”. Por ejemplo:

好难啊 hǎo nán — a ⟶ 好难哪 hǎo nán na

（4）前字末尾音素是 ng 时，读成 nga [ŋa]。例如：

Se lee como “nga” cuando los fonemas finales de la palabra que le precede es “ng”. Por ejemplo:

好冷啊 hǎo lěng — a ⟶ 好冷啊 hǎo lěng nga [ŋa]

（5）前字末尾音素是 -i [ʅ]、er 时，读成 ra [ʐA]。例如：

Se lee como “ra” cuando el fonema final de la palabra que le precede es “er”. Por ejemplo:

吃啊 chī — a ⟶ 吃啊 chī ra [ʐA]

店小二啊 diànxiǎo’èr — a ⟶ 店小二啊 diànxiǎo’èr ra [ʐA]

（6）前字末尾音素是 -i [ɿ] 时，读成 [zA]。例如：

Se lee como [zA] cuando el fonema final de la palabra que le precede es “-i”. Por ejemplo:

桌子啊 zhuōzi — a ⟶ 桌子啊 zhuōzi a [zA]

三、常用语 Frases usuales

06-1

麻烦你了。	Máfan nǐ le.	¡Perdone la molestia!
对不住了！	Duìbuzhù le!	¡Discúlpeme!
祝你好运！	Zhù nǐ hǎoyùn!	¡Buena suerte! ¡Que tengas buena suerte!
不好意思，让你久等了。	Bù hǎoyìsi, ràng nǐ jiǔ děng le.	¡Disculpe que te haya hecho esperar tanto tiempo!

四、汉字知识（6）Sobre los caracteres chinos (6)

书法（2）

西班牙著名画家毕加索曾说："如果我出生在中国，我会成为书法家而不是画家。"

书法与自然之间的关系是间接的。出于这个原因，评论家们常用大自然来隐喻书法杰作：这些汉字是在旋风中呼啸的猛禽或在大海上空翱翔的海鸥；那些笔画像闪电或落石，像蛇，像舞者，像嶙峋巨石或陡峭的悬崖。

Caligrafía (II)

Pablo Picasso decía: "Si hubiera nacido en China, en lugar de pintor, habría sido calígrafo."

Las relaciones entre la caligrafía y la naturaleza son indirectas. Por esta razón, los críticos hablan de las obras maestras con metáforas naturales: estos caracteres son aves de presa que giran en torbellino o gaviotas que vuelan sobre el mar, se ven rasgos como relámpagos o como piedras que caen, serpientes, danzarines, rocas escarpadas o precipicios abruptos.

五、怎样写汉字（6）
Aprenda a escribir caracteres chinos (6)

汉字的结构 Estructura		图示及例字 Esquema y ejemplo
包围结构	上左包围结构	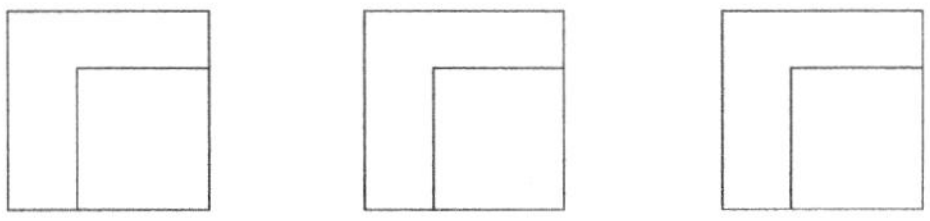 chuáng 床　tīng 厅　bìng 病
	上右包围结构	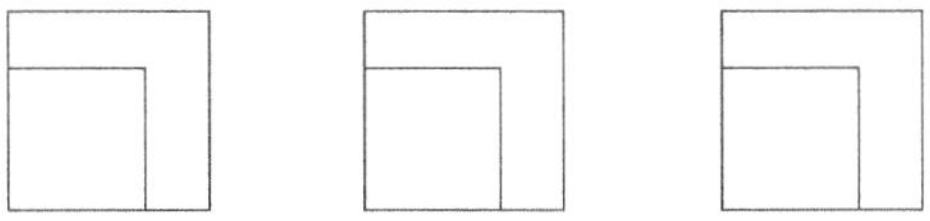 jù 句　sī 司　xún 旬

（续表）

汉字的结构 Estructura		图示及例字 Esquema y ejemplo
包围结构	左下包围结构	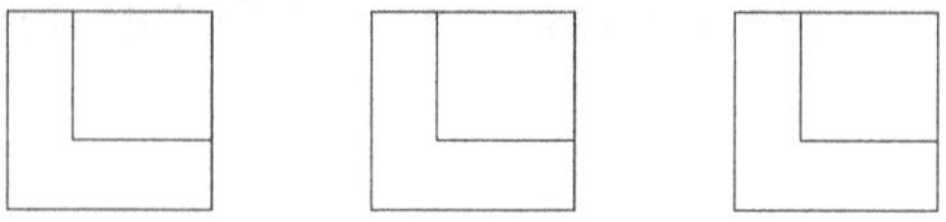 guò 过　sòng 送　zhè 这
	左上右包围结构	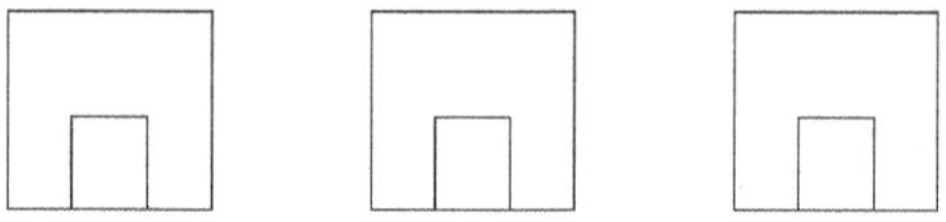 fēng 风　tóng 同　shǎn 闪
	上左下包围结构	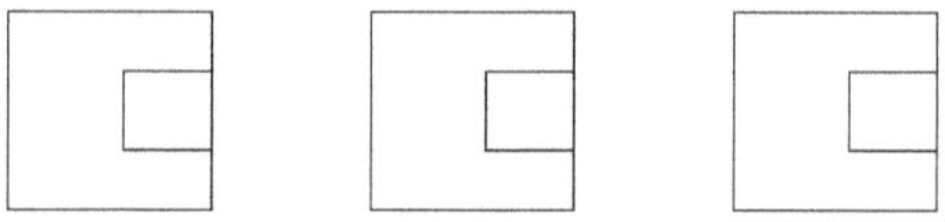 qū 区　yī 医　fěi 匪
	左下右包围结构	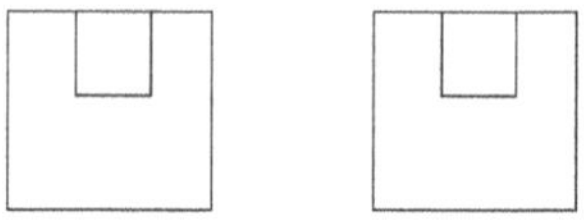 xiōng 凶　huà 画
	全包围结构	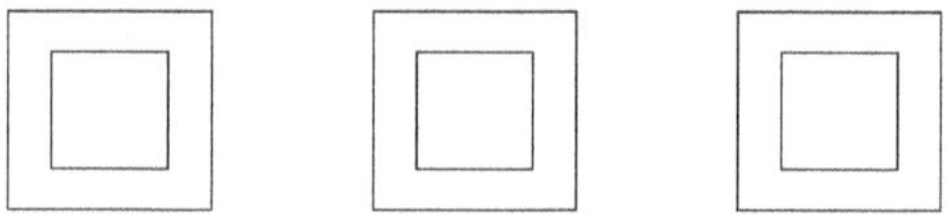 guó 国　huí 回　tú 图
对称结构		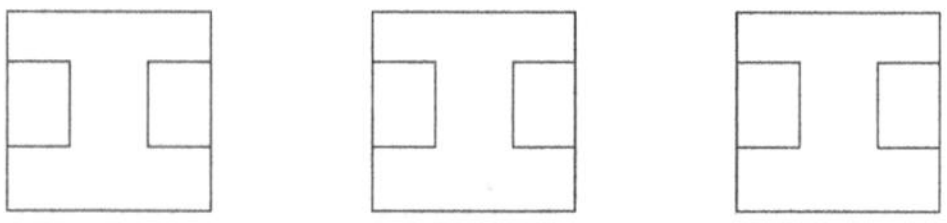 chéng 乘　zuò 坐　guāi 乖

六、练习　Ejercicios

1. 古诗朗诵　Recite el siguiente poema clásico　06-2

jìng yè sī
静 夜 思

[táng] lǐ bái
[唐] 李 白

chuáng qián míng yuè guāng
床 前 明 月 光，

yí shì dì shàng shuāng
疑 是 地 上 霜。

jǔ tóu wàng míng yuè
举 头 望 明 月，

dī tóu sī gù xiāng
低 头 思 故 乡。

2. 请根据前后字的读音给“一”“不”注音　Escriba el pinyin de “一” y “不” según la pronunciación de los caracteres que van antes y después de ellos.

____ tiān 一 天	____ qù 不 去	wàn ____ 万 一	____ liǎng 一 两
____ chī 不 吃	shuō ____ shuō 说 一 说	____ liáng 不 良	____ gè 一 个
____ nián 一 年	____ hǎo 不 好	____ huì 不 会	____ duì 不 对

3. 朗读下列音节，注意第三声的变调　Lea las siguientes sílabas en voz alta, prestando atención a las variaciones tonales del tercer tono　06-3

nǐ hǎo	shuǐguǒ	xiǎngqǐ	jiějie
zhǎnlǎnguǎn	yǔyán	tǔdì	mǎhu

4. 写出下列汉字表示的阿拉伯数字 Escriba los números arábigos representados por los siguientes caracteres chinos

七________ 四十________ 九________ 一百________

二十________ 三千________ 十九________ 八十________

五万________ 六十________

5. 在字典中检索下列汉字并注音 Escriba el pinyin de los siguientes caracteres consultando el diccionario

____	____	____	____	____
金	木	水	火	土
oro	madera	agua	fuego	tierra

____	____	____	____	____
目	日	申	由	电
ojos	sol	solicitud	desde	electricidad

6. 写出下列汉字的笔画数 Escriba el número de trazos de los siguientes caracteres

工：____画 可：____画 十：____画

干：____画 士：____画 小：____画

令：____画 舌：____画 少：____画

今：____画 台：____画 欠：____画

采：____画 也：____画 京：____画

7. 分别说出下列汉字的结构 Indique las estructuras de los siguientes caracteres

活 沙 池 汗

桑 床 李 杏

同	匹	凶	风
国	田	团	回
承	你	乘	坐

8. 拆分下列汉字的基本笔画，分别写在后面的横线上 Ubique los trazos básicos de los siguientes caracteres y colóquelos por separado en los guiones correspondientes

衣____ ____ ____ ____ ____ ____

衷____ ____ ____ ____ ____ ____ ____ ____ ____ ____

言____ ____ ____ ____ ____ ____ ____

丽____ ____ ____ ____ ____ ____ ____

节____ ____ ____ ____ ____

用____ ____ ____ ____ ____

伞____ ____ ____ ____ ____ ____

鱼____ ____ ____ ____ ____ ____ ____ ____

龟____ ____ ____ ____ ____ ____ ____

狗____ ____ ____ ____ ____ ____ ____ ____

狼____ ____ ____ ____ ____ ____ ____ ____ ____ ____

狐____ ____ ____ ____ ____ ____ ____ ____

狸____ ____ ____ ____ ____ ____ ____ ____ ____ ____

杏____ ____ ____ ____ ____ ____ ____

第七课 你好吗？

Lección 7 ¿Cómo estás?

关键句 Frases clave 07-1

1. Nǐ hǎo ma?
   你好吗？
2. Wǒ hěn hǎo, nǐ ne?
   我很好，你呢？
3. Rènshi nǐ zhēn gāoxìng.
   认识你真高兴。
4. Nǐ shēntǐ zěnmeyàng?
   你身体怎么样？

一、课文 Texto

Nǐ hǎo ma?
（一）你好吗？ 07-2

Jiǎ: Nǐ hǎo ma, Liú xiānsheng?
甲：你好吗，刘先生？

Yǐ: Wǒ hěn hǎo, nǐ ne?
乙：我很好，你呢？

Jiǎ: Wǒ yě hěn hǎo. Xièxie! Rènshi nǐ zhēn gāoxìng!
甲：我也很好。谢谢！认识你真高兴！

Yǐ: Wǒ yě hěn gāoxìng rènshi nín!
乙：我也很高兴认识您！

....

Bǐng: Nǐ hǎo ma, Rén nǚshì?
丙：你好吗，任女士？

Dīng: Wǒ hái kěyǐ. Nǐ ne?
丁：我还可以。你呢？

Bǐng: Wǒ mǎmǎhūhū.
丙：我马马虎虎。

....

Wù: Nǐ yéye nǎinai shēntǐ hǎo ma?
戊：你爷爷奶奶身体好吗？

Jǐ: Tāmen shēntǐ bú tài hǎo.
己：他们身体不太好。

....

Gēng: Nǐ hǎo a, Dīngdīng.
庚：你好啊，丁丁。

Xīn: Fāng lǎoshī, nín hǎo! Nín shēntǐ hǎo ma?
辛：方老师，您好！您身体好吗？

Gēng: Wǒ shēntǐ tǐng hǎo. Nǐ bàba māma hǎo ma?
庚：我身体挺好。你爸爸妈妈好吗？

Xīn: Tāmen hěn hǎo.
辛：他们很好。

....

Rén: Nǐ jiā yǒu xiǎogǒu ma?
壬：你家有小狗吗？

Guǐ: Yǒu a. Wǒ jiā de xiǎogǒu jiào Wāngwāng.
癸：有啊。我家的小狗叫 汪汪。

Rén: Nǐ jiā de xiǎogǒu hǎowánr ma?
壬：你家的小狗好玩儿吗？

Guǐ: Wāngwāng tèbié hǎowánr.
癸：汪汪 特别好玩儿。

生词 Vocabulario 07-3

1.	吗	（语助）	ma	partícula interrogativa
2.	先生	（名）	xiānsheng	señor
3.	我	（代）	wǒ	yo
4.	很	（副）	hěn	muy
5.	呢	（语助）	ne	partícula modal
6.	也	（副）	yě	también
7.	谢谢	（动）	xièxie	gracias
8.	认识	（动）	rènshi	conocer
9.	真	（副）	zhēn	muy, verdaderamente, realmente
10.	高兴	（形）	gāoxìng	alegre, contento
11.	女士	（名）	nǚshì	señora

12. 还	（副）	hái	aún, todavía
13. 可以	（形）	kěyǐ	regular
14. 马马虎虎	（形）	mǎmǎhūhū	regular, así así
15. 爷爷	（名）	yéye	abuelo paterno
16. 奶奶	（名）	nǎinai	abuela paterna
17. 身体	（名）	shēntǐ	cuerpo, salud
18. 他们	（代）	tāmen	ellos
19. 太	（副）	tài	tan
20. 老师	（名）	lǎoshī	profesor, ra
21. 爸爸	（名）	bàba	papá
22. 妈妈	（名）	māma	mamá
23. 家	（名）	jiā	casa, familia
24. 小	（形）	xiǎo	pequeño
25. 小狗	（名）	xiǎogǒu	perro
26. 的	（结助）	de	partícula estructural
27. 叫	（动）	jiào	llamarse
28. 好玩儿	（形）	hǎowánr	divertido
29. 特别	（副）	tèbié	particularmente, especialmente

注释 Notas

汪汪特别好玩儿。 Wangwang es muy divertido.

"特别"是程度副词，用在形容词前面，表示程度高。其他程度副词还有"很""非常"等。表示程度时，它们的关系是"特别 > 非常 > 很"。

"特别" es un adverbio de grado, utilizado delante de los adjetivos, para indicar un alto grado. Otros adverbios de grado son "很" y "非常". Cuando se trata del grado, su relación es "特别> 非常 > 很".

Nǐ zěnmeyàng?
（二）你怎么样？

07-4

Jiǎ: Nǐ de gōngzuò zěnmeyàng?
甲：你的工作怎么样？

Yǐ: Wǒ de gōngzuò hěn hǎo.
乙：我的工作很好。

Jiǎ: Nǐ xuéxí zěnmeyàng?
甲：你学习怎么样？

Yǐ: Wǒ xuéxí hái kěyǐ.
乙：我学习还可以。

Jiǎ: Nǐ shēntǐ zěnmeyàng?
甲：你身体怎么样？

Yǐ: Wǒ shēntǐ hěn chà.
乙：我身体很差。

Jiǎ: Nǐ wèikǒu zěnmeyàng?
甲：你胃口怎么样？

Yǐ: Wǒ wèikǒu búcuò.
乙：我胃口不错。

Jiǎ: Nǐ de jiātíng zěnmeyàng?
甲：你的家庭怎么样？

Yǐ: Wǒ de jiātíng hěn xìngfú.
乙：我的家庭很幸福。

Jiǎ: Tā de jiātíng zěnmeyàng?
甲：她的家庭怎么样？

Yǐ: Tā de jiātíng hěn búxìng.
乙：她的家庭很不幸。

Jiǎ: Nǐ de shōurù zěnmeyàng?
甲：你的收入怎么样？

Yǐ: Hái kěyǐ, mǎmǎhūhū.
乙：还可以，马马虎虎。

生词 Vocabulario 07-5

1.	工作	（名）	gōngzuò	trabajo
2.	怎么样	（代）	zěnmeyàng	cómo está, qué tal
3.	学习	（动）	xuéxí	estudiar
4.	差	（形）	chà	malo
5.	胃口	（名）	wèikǒu	apetito
6.	不错	（形）	búcuò	bueno
7.	家庭	（名）	jiātíng	familia

8.	幸福	（形）	xìngfú	feliz
9.	她	（代）	tā	ella
10.	不幸	（形）	búxìng	infeliz, desgraciado
11.	收入	（名）	shōurù	ingresos

二、语法 Gramática

1. 形容词谓语句 Oraciones con adjetivos como predicado

谓语主要成分是形容词的句子叫形容词谓语句。汉语的形容词谓语句中不用动词“是”。

Una oración cuyo predicado lo constituye principalmente un adjetivo se llama oración con adjetivo como predicado. En el predicado de esta clase de oraciones no se usa 是 “ser”.

她		特别	好。
他妈妈	也	很	好。
我的家庭		很	幸福。
她姑姑的工作		不	忙（máng, ocupado）
他的小狗		特别	好玩儿。

2. 人称代词 Pronombres personales

我	wǒ	yo	我们	wǒmen	nosotros, nosotras
你	nǐ	tú	你们	nǐmen	vosotros, vosotras
您	nín	usted			

他	tā	él	他们	tāmen	ellos
她	tā	ella	她们	tāmen	ellas
它	tā	él, ella	它们	tāmen	ellos, ellas

注意: 汉语中没有“您们”的说法。

Nota: En chino no existe la forma “您们”.

3. 用“吗”“呢”“怎么样”构成的疑问句　Oraciones interrogativas formadas con “吗”, “呢” y “怎么样”

（1）用“吗”构成的疑问句　La oración interrogativa formada con “吗”

你奶奶好吗?　¿Cómo está su abuela paterna?

他高兴吗?　¿Está contento?

何塞先生忙吗?　¿Está ocupado el señor José?

（2）用“呢”构成的疑问句　La oración interrogativa formada con “呢”

我很好，你呢?（你呢? = 你好吗?）　Estoy bien. ¿Y tú?

我很忙，你哥哥呢?（你哥哥呢? = 你哥哥忙吗?）

Estoy ocupado. ¿Y tu hermano mayor?

（3）用“怎么样”构成的疑问句　La oración interrogativa formada con “怎么样”

她弟弟学习怎么样?　¿Cómo está el estudio de su hermano menor?

你妹妹怎么样?　¿Cómo está su hermana menor?

你哥哥身体怎么样?　¿Cómo está su hermano mayor?

你的胃口怎么样?　¿Cómo está tu apetito?

他的家庭怎么样?　¿Cómo está su familia?

三、汉西对比 Comparación

1. 你和您　Tú y usted

礼貌的表示 Cortesía	一般的表示 Normal
您好吗？ ¿Cómo está usted?	你好吗？ ¿Cómo estás?

“你”和“您”在西班牙语中的对应词是“tú”和“usted”，但用法与西班牙语中的“tú”和“usted”不同。中国人用“您”时表示尊重，说西班牙语的人常用“tú”表示亲切。

西班牙语表示第二人称复数时有“vosotros, vosotras”（你们）和“ustedes”（您们）的区别，但汉语中没有“您们”的说法，第二人称复数一律用“你们”。

En español, las palabras correspondientes a los caracteres “你” y “您” son respectivamanete “tú” y “usted”. Sin embargo, su uso es un poco diferente que “tú” y “usted”. Los chinos usamos “您” para expresar el respeto, mientras que los hispanohablantes utilizan “tú” para ser más cariñosos.

A diferencia de los hispanohablantes, que utilizan “vosotros, vosotras” y “ustedes”, los chinos utilizamos “vosotros, vosotras” en todos los casos de la segunda persona en plural.

2. 问号　Signo de interrogación

汉语的问号是“？”。 Signo interrogativo en chino es “…？”.

西班牙语的问号是“¿…？”。 En español es “¿…？”.

四、汉字的偏旁 Radicales de los caracteres chinos

1. “亻”：单人旁　Radical “persona sencilla”

nǐ	tú
你	

tā	él
他	

men	(partícula de plural)
们	

zuò	hacer
作	

dàn	pero
但	

xiū	descansar
休	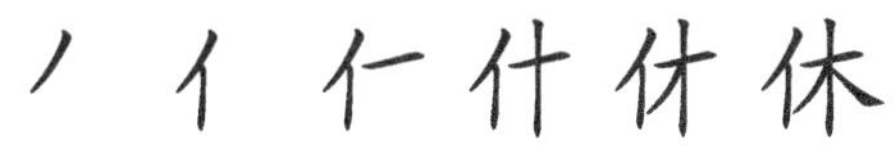

tǐ	cuerpo
体	

xìn	carta
信	

2.“彳”：双人旁　Radical “persona doble”

xíng	andar
行	

hěn	muy
很	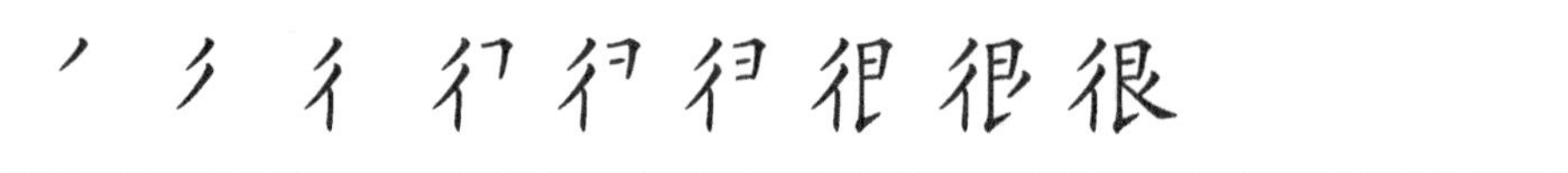

wǎng	ir
往	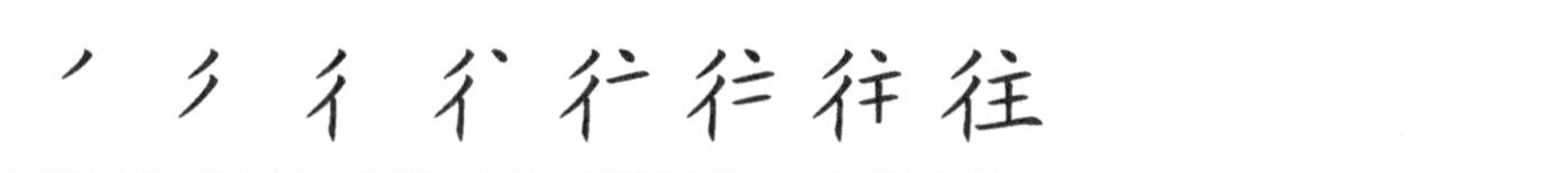

zhēng	recaudar
征	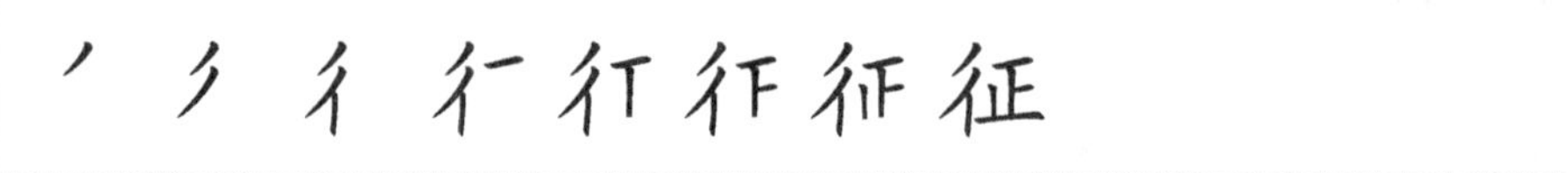

de	obtener
得	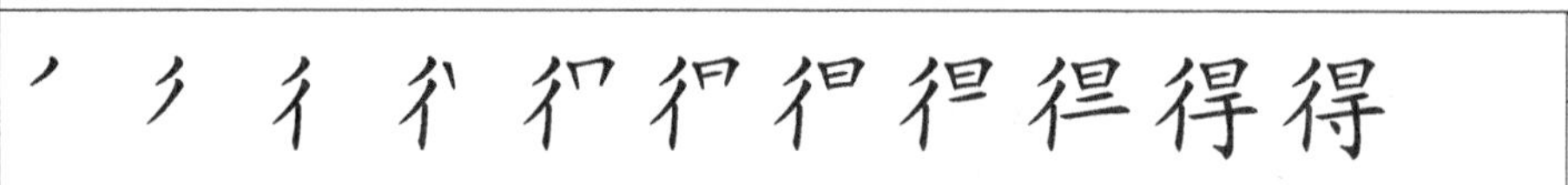

五、练习 Ejercicios

1. 读中国人的姓　Lea los siguientes apellidos chinos　07-6

（1）单姓（dānxìng）Apellidos simples

赵 Zhào	钱 Qián	孙 Sūn	李 Lǐ
周 Zhōu	吴 Wú	郑 Zhèng	王 Wáng
冯 Féng	陈 Chén	褚 Chǔ	卫 Wèi

蒋 Jiǎng	沈 Shěn	韩 Hán	杨 Yáng
朱 Zhū	秦 Qín	尤 Yóu	许 Xǔ
何 Hé	吕 Lǚ	施 Shī	张 Zhāng
孔 Kǒng	曹 Cáo	严 Yán	华 Huà
金 Jīn	魏 Wèi	陶 Táo	姜 Jiāng
戚 Qī	谢 Xiè	邹 Zōu	喻 Yù
柏 Bǎi	水 Shuǐ	窦 Dòu	章 Zhāng

（2）复姓（fùxìng）Apellidos compuestos

诸葛 Zhūgě	司徒 Sītú	东方 Dōngfāng
欧阳 Ōuyáng	令狐 Línghú	公孙 Gōngsūn

Es costumbre china utilizar los términos "Lǎo" (老), "Xiǎo" (小) y "Dà" (大) antepuestos al apellido (姓) para dirigirse a las personas. "Lǎo" (Viejo) se emplea con las personas de mayor edad, "Xiǎo" (Pequeño) con las de menor edad, y "Dà" (Grande) con las personas altas.

2. 朗读下列称谓词语，注意轻声的读法 Lea los siguientes términos familiares y sociales prestando atención al tono neutro 07-7

zhàngfu	marido	qīzi	esposa
nánren	hombre	nǚren	mujer
fùqīn	padre	mǔqīn	madre
érzi	hijo	nǚ'ér	hija
xiōngdì	hermanos	jiěmèi	hermanas
yéye	abuelo paterno	nǎinai	abuela paterna
sūnzi	nieto	sūnnǚ	nieta
shūshu	tío	yímā	tía
tángxiōngdì	primo	tángjiěmèi	prima
zhízi	sobrino	zhínǚ	sobrina
yuèfù	suegro	yuèmǔ	suegra
nǚxu	yerno	érxífu	nuera
wèihūnfū	novio	wèihūnqī	novia
nánpéngyou	novio	nǚpéngyou	novia
fùmǔ	padres		

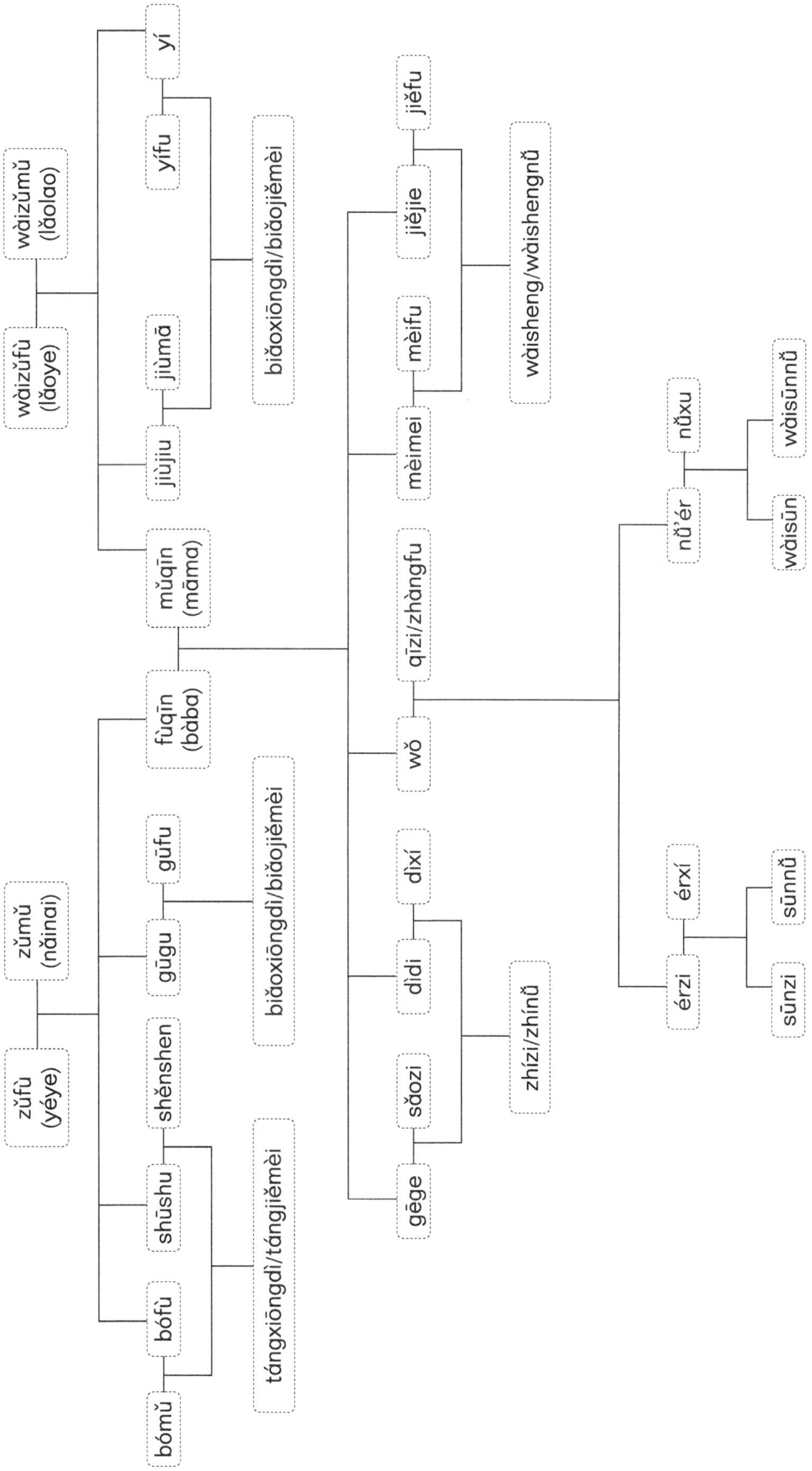
zǔfù (yéye)
zǔmǔ (nǎinai)
wàizǔfù (lǎoye)
wàizǔmǔ (lǎolao)
bómǔ
bófù
shūshu
shěnshen
gūgu
gūfu
fùqīn (bàba)
mǔqīn (māma)
jiùjiu
jiùmā
yífu
yí
tángxiōngdì/tángjiěmèi
biǎoxiōngdì/biǎojiěmèi
biǎoxiōngdì/biǎojiěmèi
gēge
sǎozi
dìdi
dìxí
wǒ
qīzi/zhàngfu
mèimei
mèifu
jiějie
jiěfu
zhízi/zhínǚ
wàisheng/wàishengnǚ
érzi
érxí
nǚ'ér
nǚxu
sūnzi
sūnnǚ
wàisūn
wàisūnnǚ

3. 写出下列人称代词的拼音 Escriba el pinyin de los siguientes pronombres personales

我	yo	________	你	tú	________
您	usted	________	他	él	________
她	ella	________	它	él, ella	________
我们	nosotros, tras	________	你们	vosotros, tras, ustedes	________
他们	ellos	________	她们	ellas	________
它们	ellos, ellas	________			

4. 连线题 Empareje las siguientes oraciones

（1）你好吗？ A. 他们身体很好。

（2）你爸爸妈妈身体好吗？ B. 认识您我也很高兴。

（3）认识你真高兴。 C. 小狗汪汪特别好玩儿。

（4）小狗汪汪怎么样？ D. 我很好，谢谢。

5. 用称谓词语填空 Complete el diálogo con los términos familiares

（1）A：Nǐ ________ hǎo ma?

B：Tā hěn hǎo.

（2）A：Nǐ ________ hǎo ma?

B：Tā bú tài hǎo.

（3）A：Nǐ ________ hé ________ hǎo ma?

B：Tāmen dōu hěn hǎo.

（4）A：Nǐ ________ shēntǐ hǎo ma?

B：Tā shēntǐ búcuò.

（5）A：Nǐ ________ hé nǐ ________ hǎo ma?

B：Tāmen fēicháng hǎo.

（6）A：Nǐ ________ hé nǐ ________ xìngfú ma?

B：Tāmen hěn xìngfú.

（7）A：Nǐ ________ hǎo ma?

B：Tā tèbié hǎo.

6. 请在空白处填写适当词语将句子补充完整 Rellene los espacios en blanco con las palabras adecuadas para completar las oraciones

（1）A：你________吗？

B：我很好。

（2）A：何塞先生________吗？

B：他不忙。

（3）A：你妈妈高兴吗？

B：我妈妈________。

（4）A：你爷爷身体怎么样？

B：我爷爷身体________。

（5）A：你学习________？

B：我学习________。

7. 替换练习 Ejercicios de sustitución

（1）他身体<u>很好</u>。

很好	hěn hǎo	muy bien
不好	bù hǎo	mal

（2）他弟弟的学习 还可以 。

还可以	hái kěyǐ	regular
不错	búcuò	bueno
马马虎虎	mǎmǎhūhū	regular, así, así

（3）我哥哥的工作 特别好 。

特别好	tèbié hǎo	excelente, fenomenal
不错	búcuò	bueno

8. 听读下列词语 Escuche y lea las siguientes palabras

07-8

幸福　不好　不坏　不多
不幸　不错　不差　不少

家庭　家人　家风　家乡

好　坏　差
真好　真坏　真差
非常好　非常坏　非常差
特别好　特别坏　特别差

9. 将下列句子翻译成汉语 Traduzca las siguientes oraciones al chino

（1）¿Cómo está tu papá?

____

（2）¿Cómo está su mamá?

____

(3) ¿Cómo está tu hermana menor?

____

(4) ¿Cómo está su hermano mayor?

____

(5) ¿Cómo está tu hermano menor?

____

(6) ¿Cómo está su hermana mayor?

____

(7) ¿Cómo están tus padres?

____

(8) ¿Cómo están sus abuelos?

____

(9) ¿Cómo están sus amigos?

____

(10) ¿Cómo está tu marido?

____

(11) ¿Cómo está su señora?

____

(12) ¿Cómo están tus maestras?

____

(13) ¿Cómo están tus tíos?

____

(14) ¿Cómo está tu esposa?

____

六、汉西对照阅读 Lea los siguientes textos chino-español

岁岁平安
suìsuì píng'ān
Muchos años de paz

鲤鱼跳龙门
lǐyú tiào lóngmén
La carpa salta la puerta del dragón.

第八课 初次相识

Lección 8 Primer encuentro

关键句 Frases clave 08-1

Wǒ xìng Wáng, jiào Wáng Péng, wǒ shì Běijīngrén.
1. 我姓王，叫王朋，我是北京人。

Nín guìxìng?
2. 您贵姓？

Nín jiào shénme míngzi?
3. 您叫什么名字？

一、课文 Texto

Dì-yī kè
（一）第一课 08-2

Lǎoshī: Tóngxuémen hǎo!
老师：同学们好！

Xuéshēng: Lǎoshī hǎo!
学生：老师好！

Lǎoshī: Qǐng zuò! Wǒ xiān zìwǒ jièshào yíxià. Wǒ xìng Wáng, jiào Wáng Péng. Wǒ shì Běijīngrén, jiā zài Guǎngzhōu. Wǒ shì nǐmen de Hànyǔ lǎoshī. Qǐng dàjiā zuò yíxià zìwǒ jièshào.
老师：请坐！我先自我介绍一下。我姓王，叫王朋。我是北京人，家在广州。我是你们的汉语老师。请大家做一下自我介绍。

Hésài: Wǒ jiào Hésài, shì Xībānyárén, jiā zài Mădélǐ. Wǒ shì liúxuéshēng.
何塞：我叫何塞，是西班牙人，家在马德里。我是留学生。

Kǎmén: Wǒ jiào Kǎmén, shì Gǔbārén. Wǒ zhùzài Hāwǎnà. Wǒ yě shì liúxuéshēng.
卡门：我叫卡门，是古巴人。我住在哈瓦那。我也是留学生。

Mǎlǐ'ào: Wǒ jiào Mǎlǐ'ào, shì Yìdàlìrén, jiā zài Luómǎ. Wǒ bú shì liúxuéshēng.
马里奥：我叫马里奥，是意大利人，家在罗马。我不是留学生。

Àiwá: Wǒ jiào Àiwá, wǒ shì Bōlánrén. Wǒ shì Mǎlǐ'ào de fūrén.
艾娃：我叫艾娃，我是波兰人。我是马里奥的夫人。

Láo'ěr: Wǒ jiào Láo'ěr, wǒ shì Zhìlìrén, jiā zài Shèngdìyàgē.
劳尔：我叫劳尔，我是智利人，家在圣地亚哥。

Hāwéi'ěr: Wǒ jiào Hāwéi'ěr, wǒ shì Gēlúnbǐyàrén, jiā zài Bōgēdà.
哈维尔：我叫哈维尔，我是哥伦比亚人，家在波哥大。

……………………………………

Lǎoshī: Mǐxiē'ěr, nǐ shì nǎ guó rén?
老师：米歇尔，你是哪国人？

Mĭxiē'ĕr: Wǒ shì Fǎguórén.
米歇尔：我是法国人。

Lǎoshī: Tā shì nǎ guó rén? Yě shì Fǎguórén ma?
老师：他是哪国人？也是法国人吗？

Mĭxiē'ĕr: Tā ma? Tā jiào Lùyìsī, tā bú shì Fǎguórén. Tā shì Xībānyárén.
米歇尔：他吗？他叫路易斯，他不是法国人。他是西班牙人。

Lǎoshī: Mǐ'ěrtǎ, nǐ yě shì Xībānyárén ma?
老师：米尔塔，你也是西班牙人吗？

Mǐ'ěrtǎ: Bù, wǒ bú shì Xībānyárén, wǒ shì Wūlāguīrén.
米尔塔：不，我不是西班牙人，我是乌拉圭人。

Lǎoshī: Sàlā, nǐ shì nǎ guó rén?
老师：萨拉，你是哪国人？

Sàlā: Wǒ shì Bìlǔrén. Wǒmen jiā zài Lìmǎ.
萨拉：我是秘鲁人。我们家在利马。

生词 Vocabulario 08-3

1.	同学	（名）	tóngxué	compañero de estudios
2.	请	（动）	qǐng	por favor
3.	坐	（动）	zuò	sentarse
4.	先	（副）	xiān	primero
5.	自我	（代）	zìwǒ	auto, sí mismo
6.	介绍	（动）	jièshào	presentar(se)
7.	一下		yíxià	clasificador

8.	姓	（动）	xìng	apellido
9.	在	（动）	zài	estar
10.	汉语	（名）	Hànyǔ	idioma chino
11.	大家	（代）	dàjiā	todos
12.	国（家）	（名）	guó (jiā)	país

专名 Nombre propio

1.	王朋	Wáng Péng	Wang Peng
2.	何塞	Hésài	José
3.	卡门	Kǎmén	Carmen
4.	马里奥	Mǎlǐ'ào	Mario
5.	艾娃	Àiwá	Eva
6.	劳尔	Láo'ěr	Raúl
7.	哈维尔	Hāwéi'ěr	Javier
8.	米歇尔	Mǐxiē'ěr	Michel
9.	路易斯	Lùyìsī	Luis
10.	米尔塔	Mǐ'ěrtǎ	Milta
11.	萨拉	Sàlā	Sara
12.	西班牙	Xībānyá	España
13.	古巴	Gǔbā	Cuba
14.	意大利	Yìdàlì	Italia
15.	波兰	Bōlán	Polonia

16. 智利	Zhìlì	Chile
17. 哥伦比亚	Gēlúnbǐyà	Colombia
18. 法国	Fǎguó	Francia
19. 乌拉圭	Wūlāguī	Uruguay
20. 秘鲁	Bìlǔ	Perú
21. 北京	Běijīng	Pekín
22. 广州	Guǎngzhōu	Guangzhou
23. 马德里	Mǎdélǐ	Madrid
24. 哈瓦那	Hāwǎnà	La Habana
25. 罗马	Luómǎ	Roma
26. 圣地亚哥	Shèngdìyàgē	Santiago
27. 波哥大	Bōgēdà	Bogotá
28. 利马	Lìmǎ	Lima

注释 Notas

我先自我介绍一下。Permítanme presentarme primero.

"一下"用在动词后，表示尝试、短时。

"一下" se usa después de un verbo, lo que indica un corto tiempo para intentar o actuar.

Rènshi nín zhēn gāoxìng
（二）认识您真 高兴

08-4

Jiǎ: Nín hǎo!
甲：您 好！

Yǐ: Nín hǎo! Nín guìxìng?
乙：您 好！您 贵 姓？

Jiǎ: Wǒ xìng Xǔ. Nín ne?
甲：我 姓 许。您 呢？

Yǐ: Wǒ xìng Lǐ.
乙：我 姓 李。

Jiǎ: Nín jiào shénme míngzi?
甲：您 叫 什么 名字？

Yǐ: Wǒ jiào Lǐ Míng. Nín ne?
乙：我 叫 李 明。您 呢？

Jiǎ: Wǒ jiào Xǔ Fàng. Rènshi nín zhēn gāoxìng!
甲：我叫许放。认识您真高兴！

Yǐ: Wǒ yě shì.
乙：我也是。

··

Bǐng: Nǐ rènshi tā ma? Tā zěnme chēnghu?
丙：你认识她吗？她怎么称呼？

Dīng: Tā jiào Xú Kě. Tā shì shāngrén.
丁：她叫徐可。她是商人。

Bǐng: Zài gōngsī dàjiā zěnme chēnghu tā?
丙：在公司大家怎么称呼她？

Dīng: Dàjiā dōu jiào tā Xú jīnglǐ.
丁：大家都叫她徐经理。

生词 Vocabulario 08-5

1.	贵姓	（名）	guìxìng	apellido
2.	什么	（代）	shénme	qué
3.	名字	（名）	míngzi	nombre
4.	怎么	（代）	zěnme	cómo
5.	称呼	（动）	chēnghu	llamar(se)

6.	都	（副）	dōu	todo
7.	经理	（名）	jīnglǐ	gerente

专名 Nombre propio

1.	李明	Lǐ Míng	Li Ming
2.	许放	Xǔ Fàng	Xu Fang
3.	徐可	Xú Kě	Xu Ke

注释 Notas

她怎么称呼？¿Cómo puedo llamarla?

"怎么称呼"用来询问别人的名字，与"叫什么名字"意思一样。

"怎么称呼" se usa para preguntar el nombre de alguien, al igual que "叫什么名字".

二、语法 Gramática

1. "是"字句　Oración con "是"

"是"的基本意思是表示肯定的判断，"是"字句是动词谓语句中的一类。

"是" es una expresión afirmativa, la oración con "是" constituye una de las oraciones de predicado verbal.

陈述句	疑问句	否定句
S + 是 + n. / np.	S + 是 + n. / np. + 吗	S + 不是 + n. / np.
我 是 西班牙人。	你 是 西班牙人 吗?	我 不是 西班牙人。
他 是 我的爷爷。	他 是 你的爷爷 吗?	他 不是 我的爷爷。
何塞是 留学生。	何塞是 留学生 吗?	何塞不是 留学生。
他 是 许放。	他 是 许放 吗?	他 不是 许放。

2. 汉语的序数词 Numerales ordinales en chino

（1）“第”+数词 “第”+ numeral ordinal

第一	dì-yī	第六	dì-liù
第二	dì-èr	第七	dì-qī
第三	dì-sān	第八	dì-bā
第四	dì-sì	第九	dì-jiǔ
第五	dì-wǔ	第十	dì-shí

（2）天干 Troncos celestes

在中国,“甲(jiǎ)、乙(yǐ)、丙(bǐng)、丁(dīng)、戊(wù)、己(jǐ)、庚(gēng)、辛(xīn)、壬(rén)、癸(guǐ)”总称为“天干”,可以用来表示次序。

En China se usa tradicionalmente “甲、乙、丙、丁、戊、己、庚、辛、壬、癸” para expresar el orden de sucesión.

“Troncos celestes” es el nombre genérico de los caracteres.

3. 用疑问代词“什么”“哪”“哪里”提问的疑问句 Oraciones interrogativas formadas con“什么”,“哪”y“哪里”

（1）什么 qué

这是什么？ ¿Qué es esto?

你叫什么名字？ ¿Cómo te llamas?

她叫什么名字？ ¿Cómo se llama?

（2）哪　Dónde

你是哪国人？ ¿De qué nacionalidad eres tú?

王明是哪国人？ ¿De qué país es Wang Ming?

（3）哪里　Dónde

A：你是哪里人？ ¿De dónde eres?

B：我是广州人。 Yo soy de Guangzhou.

三、汉西对比 Comparación

姓名

中国人的名字姓在前，名在后，多随父姓。如随母姓，则不用父姓。西班牙语地区的人的姓名分为三部分，名在前，父姓随后，母姓在最后。

西方人对父母和师长可以直呼其名，家庭成员之间，甚至长幼之间也可用“先生”“太太”相称。中国人则没有这种称呼法，晚辈不能直接用名字称呼长辈，长辈和师长对晚辈和学生可以直呼其名。

Nombre y apellido

Los nombres de los chinos se forman primero con el apellido y después con el nombre. La mayoría de los chinos llevan el apellido del padre, pero si usan el apellido de la madre no llevan el del padre. Los nombres de los hispanohablantes contienen tres partes: primero el nombre, después el apellido del padre y el de la madre.

En Europa y América, los hijos pueden llamar directamente por sus nombres a los padres o maestros, y en algunos países se utilizan "señor" y "señora" para dirigirse a los familiares e incluso entre los menores y los mayores. Sin embargo, entre los chinos no se puede en ningún caso tratarse de esta manera. Los menores no pueden llamar directamente a los mayores por sus nombres, y solo los mayores y maestros pueden hacerlo a los menores o alumnos.

四、汉字的偏旁 Radicales de los caracteres chinos

"女"：女字旁 Radical "mujer"

nǎi	abuela paterna
奶	

gū	tía, hermana del padre
姑	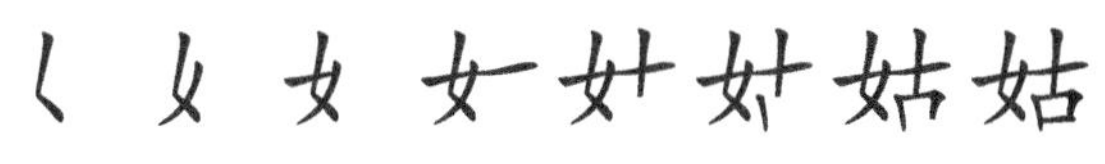

mèi	hermana menor
妹	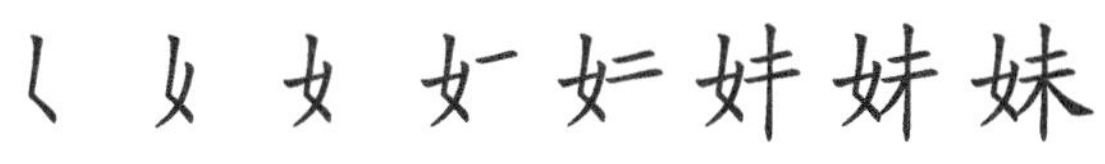

jiě	hermana mayor
姐	ㄑ 女 女 女丨 女冂 女冃 女月 姐

hǎo	bueno
好	ㄑ 女 女 女乛 女了 好

mā	mamá
妈	ㄑ 女 女 女㇆ 女马 妈

五、练习 Ejercicios

1. 语音练习 Ejercicios fonéticos

（1）古诗朗诵 Recite el siguiente poema clásico 08-6

mǐn nóng
悯 农

[táng] lǐ shēn
［唐］李 绅

chú hé rì dāng wǔ
锄 禾 日 当 午，

hàn dī hé xià tǔ
汗 滴 禾 下 土。

shéi zhī pán zhōng cān
谁 知 盘 中 餐，

lì lì jiē xīn kǔ
粒 粒 皆 辛 苦。

（2）送气音与不送气音的练习　Ejercicios de sonidos aspirados y no aspirados　08-7

b — p	d — t	g — k
bái — pái	dài — tài	gài — kài
bào — pào	dǎo — tǎo	gǎo — kǎo
bàn — pàn	dàn — tàn	gàn — kàn
bàng — pàng	dàng — tàng	gàng — kàng

bǎoguì	pùbù	búduì	gàikuò	kèkǔ	tǔdì
bàogào	gāodà	gǔdài	gùkè	dútè	tǔdòu

（3）朗读下列轻声词　Lea las siguientes palabras con tono neutro　08-8

xiānshengmen	chēnghu	péngyoumen
wǎnshang	yuèliang	shítou
shūzi	zuǒbian	lùshang
gūgu	bàba	jiǎozi

2. 跟老师朗读下列词语并写出相应的拼音　Escuche y lea siguiendo al profesor las siguientes palabras. Luego escriba el pinyin correspondiente de cada una

姑姑＿＿＿＿＿	姑妈＿＿＿＿＿	姑娘＿＿＿＿＿
妈妈＿＿＿＿＿	阿姨＿＿＿＿＿	哥哥＿＿＿＿＿
公公＿＿＿＿＿	妻子＿＿＿＿＿	叔叔＿＿＿＿＿
婆婆＿＿＿＿＿	丈夫＿＿＿＿＿	姐姐＿＿＿＿＿

3. 会话练习　Ejercicios de diálogo

（1）A：你是哪国人？

B：我是＿＿＿＿＿＿。（西班牙）

（2）A：她是英国人吗？

B：不，她__________是__________，她是__________。（意大利）

（3）A：他是法国人吗？

B：是的，他是__________。

（4）A：他们是哪国人？

B：__________是__________。（秘鲁）

（5）A：老师是哪国人？

B：__________是__________。（中国）

（6）A：你叫什么名字？

B：____________。（艾娃）

（7）A：他叫什么名字？

B：____________。（哈维尔）

（8）A：你哥哥叫什么名字？

B：__________王朋。

4. 替换练习　Ejercicios de sustitución

（1）A：米尔塔是哪国人？

B：米尔塔是西班牙人。

米尔塔	西班牙
卡门	阿根廷
马里奥	墨西哥
艾娃	巴拿马
米歇尔	德国
木子	日本
萨拉	埃及

（2）A：你妹妹叫什么名字？

B：我妹妹叫艾娃。

你妹妹	艾娃
她姐姐	萨拉
他	劳尔
你的老师	王朋

5. 听写汉字　Dictado

08-9

你　好　老　师　生　学　哪　人　叫　国

6. 将下列词语翻译成西班牙语　Traduzca al español las siguientes palabras

好人________　坏人________　盲人________　忙人________

男人________　女人________　老人________　妇人________

家人________　熟人________　名人________　爱人________

工人________　商人________　亲人________　大人________

先生________　人生________　学生________　好学生________

大学生________　中学生________　小学生________

7. 完成句子　Complete las siguientes oraciones

（1）A：大卫是哪国人？

B：大卫________。（法国人）

（2）A：____________？

B：是，他是学生。

（3）A：____________？

B：是，我妈妈是老师。

（4）A：王朋是___________？

B：不，他不是北京人，__________。（广州人）

8. 阅读短文并回答问题　Lea el texto y responda las preguntas

我叫玛丽娅，是墨西哥人。我在北京大学学习。我家不在北京，在墨西哥。我爸爸妈妈都在北京，他们在大使馆工作。王明、李力、刘丁丁、许可是我的朋友，他们都是中国人。

（1）“我”叫什么名字？

（2）“我”是中国人吗？

（3）“我”爸爸妈妈在哪儿工作？

（4）“我”的朋友们是哪国人？

六、汉西对照阅读　Lea los siguientes textos chino-español

走马观花
zǒumǎ-guānhuā
Contemplar flores montado a caballo.

不怕慢，只怕站。
Bú pà màn, zhǐ pà zhàn.
No temas ir despacio, teme más bien, detenerte.

一日为师，终身为父。

Yí rì wéi shī, zhōngshēn wéi fù.

Quien fue tu maestro por un día es tu padre por toda la vida.

一言既出，驷马难追。

Yìyán-jìchū, sìmǎ-nánzhuī.

Una palabra salida de la boca no puede ser atrapada por una cuadriga.

第九课 今天圣诞节

Lección 9 Hoy es Navidad

关键句 Frases clave 09-1

1. Jīntiān jǐ hào?
   今天几号？
2. Xiànzài shì jǐ yuè?
   现在是几月？
3. Jīntiān xīngqī jǐ?
   今天星期几？
4. Xiǎopéngyǒu jǐ suì le?
   小朋友几岁了？
5. Nǐ duō dà le?
   你多大了？
6. Nǐ yéye duō dà niánjì le?
   你爷爷多大年纪了？

一、课文 Texto

Wèn rìqī
（一）问日期 09-2

Jiǎ: Zuótiān jǐ hào?
甲：昨天几号？

Yǐ: Zuótiān sān hào.
乙：昨天三号。

Jiǎ: Jīntiān jǐ hào?
甲：今天几号？

Yǐ: Jīntiān sì hào.
乙：今天四号。

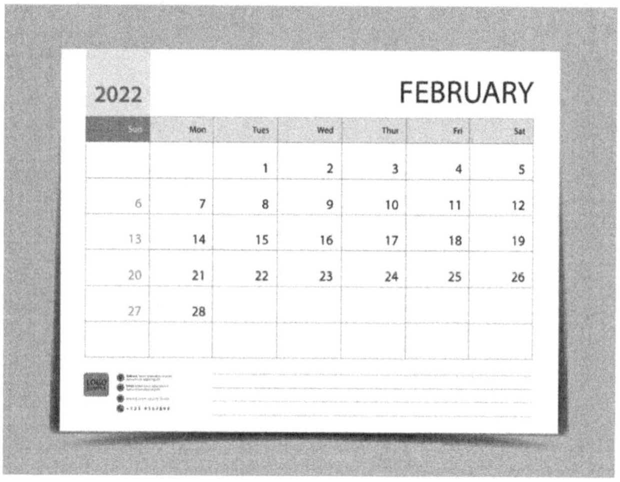

Jiǎ: Míngtiān jǐ hào?
甲：明天几号？

Yǐ: Míngtiān wǔ hào.
乙：明天五号。

Jiǎ: Hòutiān jǐ hào?
甲：后天几号？

Yǐ: Hòutiān liù hào.
乙：后天六号。

Jiǎ: Dàhòutiān ne?
甲：大后天呢？

Yǐ: Dàhòutiān qī hào.
乙：大后天七号。

Jiǎ: Qiántiān jǐ hào?
甲：前天几号？

Yǐ: Qiántiān èr hào.
乙：前天二号。

Jiǎ: Dàqiántiān ne?
甲：大前天呢？

Yǐ: Dàqiántiān yī hào.
乙：大前天一号。

生词 Vocabulario 09-3

1.	日期	（名）	rìqī	fecha
2.	昨天	（名）	zuótiān	ayer
3.	几	（代）	jǐ	cuánto
4.	号	（量）	hào	día
5.	今天	（名）	jīntiān	hoy
6.	明天	（名）	míngtiān	mañana
7.	后天	（名）	hòutiān	pasado mañana
8.	大后天	（名）	dàhòutiān	tres días después
9.	前天	（名）	qiántiān	anteayer
10.	大前天	（名）	dàqiántiān	tres días antes

Wèn yuèfèn
（二）问月份

09-4

Jiǎ: Xiànzài shì jǐ yuè?
甲：现在是几月？

Yǐ: Xiànzài shì Èryuè.
乙：现在是二月。

Jiǎ: Shàng gè yuè shì jǐ yuè?
甲：上个月是几月？

Yǐ: Shàng gè yuè shì Yīyuè.
乙：上个月是一月。

Jiǎ: Xià gè yuè shì jǐ yuè?
甲：下个月是几月？

Yǐ: Xià gè yuè shì Sānyuè.
乙：下个月是三月。

生词 Vocabulario

09-5

1.	月份	（名）	yuèfèn	mes
2.	现在	（名）	xiànzài	ahora
3.	个	（量）	gè	clasificador

注释 Notas

汉语的月份 Los meses en chino:

一月（元月, Yuányuè）enero　　二月 febrero　　三月 marzo
四月 abril　　五月 mayo　　六月 junio
七月 julio　　八月 agosto　　九月 septiembre
十月 octubre　　十一月 noviembre
十二月（腊月, Làyuè）diciembre

Wèn xīngqī
(三)问星期

09-6

Jiǎ: Jīntiān xīngqī jǐ?
甲:今天星期几?

Yǐ: Jīntiān Xīngqīsān.
乙:今天星期三。

Jiǎ: Míngtiān xīngqī jǐ?
甲:明天星期几?

Yǐ: Míngtiān Xīngqīsì.
乙:明天星期四。

Jiǎ: Hòutiān xīngqī jǐ?
甲:后天星期几?

Yǐ: Hòutiān Xīngqīwǔ.
乙:后天星期五。

Jiǎ: Dàhòutiān ne?
甲:大后天呢?

Yǐ: Dàhòutiān Xīngqīliù.
乙:大后天星期六。

注释 Notas

星期的读法 Los siete días de la semana en chino:

星期 xīngqī / 礼拜 lǐbài / 周 zhōu	semana
星期一 / 礼拜一 / 周一	lunes
星期二 / 礼拜二 / 周二	martes
星期三 / 礼拜三 / 周三	miércoles
星期四 / 礼拜四 / 周四	jueves
星期五 / 礼拜五 / 周五	viernes
星期六 / 礼拜六 / 周六	sábado
星期日(天)/ 礼拜日(天)/ 周日	domingo

Wèn niánfèn
（四）问年份

09-7

Jiǎ: Jīnnián shì èr líng èr èr nián ma?
甲：今年是 2022 年吗？

Yǐ: Shì de, jīnnián shì èr líng èr èr nián.
乙：是的，今年是 2022 年。

Jiǎ: Nà qùnián ne?
甲：那去年呢？

Yǐ: Qùnián shì èr líng èr yī nián.
乙：去年是 2021 年。

Jiǎ: Míngnián ne?
甲：明年呢？

Yǐ: Míngnián shì èr líng èr sān nián.
乙：明年是 2023 年。

Jiǎ: Hòunián ne?
甲：后年呢？

Yǐ: Hòunián shì èr líng èr sì nián.
乙：后年是 2024 年。

生词 Vocabulario

09-8

1.	今年	（名）	jīnnián	este año
2.	年	（名）	nián	año
3.	去年	（名）	qùnián	el año pasado
4.	明年	（名）	míngnián	el año que viene

注释 Notas

汉语中年份的读法 La lectura del año en chino:

1983 年	yī jiǔ bā sān nián	一九八三年
2017 年	èr líng yī qī nián	二〇一七年
2021 年	èr líng èr yī nián	二〇二一年

Wèn jiérì
(五)问节日 09-9

Jiǎ: Jīntiān shì shénme jiérì?
甲：今天是什么节日？

Yǐ: Jīntiān shì Shèngdàn Jié.
乙：今天是圣诞 节。

Jiǎ: Èryuè shísì hào shì shénme jiérì?
甲：二月十四号是什么节日？

Yǐ: Èryuè shísì hào shì Xīfāng de Qíngrén Jié. Zhōngguó de Qíngrén Jié yòu jiào Qīxī Jié, shì nónglì Qīyuè chūqī.
乙：二月十四号是西方的情人节。中国的情人节又叫七夕节，是农历七月初七。

Jiǎ: Wǔyuè de dì-èr gè Xīngqītiān shì shénme jiérì?
甲：五月的第二个星期天是什么节日？

Yǐ: Wǔyuè de dì-èr gè Xīngqītiān shì Mǔqīn Jié.
乙：五月的第二个星期天是母亲节。

Jiǎ: Liùyuè de dì-sān gè Xīngqītiān shì shénme jiérì?
甲：六月的第三个星期天是什么节日？

Yǐ: Liùyuè de dì-sān gè Xīngqītiān shì Fùqīn Jié.
乙：六月的第三个星期天是父亲节。

Jiǎ: Zhōngguó de Chūnjié shì nǎ tiān?
甲：中国 的春节是哪天？

Yǐ: Nónglì dànián chūyī.
乙：农历大年初一。

Jiǎ: Zhōngguó de Duānwǔ Jié shì nǎ tiān?
甲：中国 的端午节是哪天？

Yǐ： Nónglì Wǔyuè chūwǔ.
乙：农历五月初五。

Jiǎ： Zhōngguó de Zhōngqiū Jié shì nǎ tiān?
甲：中国 的中秋 节是哪天？

Yǐ： Nónglì Bāyuè shíwǔ.
乙：农历八月十五。

Jiǎ： Zhōngguó de Chóngyáng Jié shì nǎ tiān?
甲：中国 的 重阳 节是哪天？

Yǐ： Nónglì Jiǔyuè chūjiǔ.
乙：农历九月初九。

Jiǎ： Nǐmen de jiéhūn jìniànrì shì nǎ tiān?
甲：你们的结婚纪念日是哪天？

Yǐ： Wǒmen de jiéhūn jìniànrì shì Liùyuè yī hào.
乙：我们的结婚纪念日是六月一号。

生词 Vocabulario 09-10

1.	节日	（名）	jiérì	fiesta
2.	初	（前缀）	chū	los primeros diez días del mes del calendario lunar
3.	农历	（名）	nónglì	calendario lunar
4.	结婚		jié//hūn	casarse
5.	结婚纪念日		jiéhūn jìniànrì	aniversario de boda

专名 Nombre propio

1.	圣诞节	Shèngdàn Jié	Navidad
2.	情人节	Qíngrén Jié	Día de los Enamorados
3.	母亲节	Mǔqīn Jié	Día de la Madre
4.	春节	Chūnjié	Fiesta de la Primavera, Año Nuevo Chino
5.	端午节	Duānwǔ Jié	Fiesta de Duanwu
6.	中秋节	Zhōngqiū Jié	Fiesta del Medio Otoño (15 de agosto lunar)

Wèn niánlíng
（六）问年龄

09-11

Jiǎ: Xiǎo bǎobao duō dà le?
甲：小宝宝多大了？

Yǐ: Xiǎo bǎobao sān gè yuè le.
乙：小宝宝三个月了。

Jiǎ: Xiǎopéngyǒu jǐ suì le?
甲：小朋友几岁了？

Yǐ: Liǎng suì.
乙：两岁。

....

Bǐng: Nǐ duō dà le?
丙：你多大了？

Dīng: Wǒ shíbā le.
丁：我十八了。

....

Wù：Nǐ yéye duō dà niánjì le?
戊：你爷爷多大年纪了？

Jǐ：Tā jīnnián bāshíbā le.
己：他今年八十八了。

生词 Vocabulario 09-12

1.	年龄	（名）	niánlíng	edad, años
2.	宝宝	（名）	bǎobao	bebé
3.	多	（代）	duō	mucho
4.	大	（形）	dà	grande
5.	多大		duō dà	cuánto
6.	岁	（量）	suì	año (de edad)
7.	年纪	（名）	niánjì	años, edad

二、语法 Gramática

名词谓语句 Oraciones de predicado nominal

名词和名词性短语做谓语的句子叫名词谓语句。名词谓语句可以用来说明国籍、籍贯、年龄、日期、节日、价钱等。

Una oración, cuyo predicado está compuesto principalmente por un sustantivo o grupo de palabras en función nominal, se llama oración de predicado nominal. Las oraciones de predicado nominal pueden expresar la nacionalidad, el lugar de origen, la edad, las fechas, las fiestas, la profesión, el precio, etc.

S	n. / np.
萨拉	秘鲁人
张女士	四川人。
王先生	七十岁 了。
明天	三号。
昨天	星期五。
今天	国庆节。

三、汉西对比 Comparación

1. 汉语中的名词谓语句 Oración de predicado nominal en chino

汉语名词谓语句中的主语和谓语之间不必用动词，即为“名 + 名”的结构，而西班牙语句子中必须有联系动词“ser”。

La oración de predicado nominal en chino no lleva verbo entre el sujeto y el predicado (sustantivo + sustantivo) mientras que en español es necesario usar el verbo copulativo “ser”.

今天星期几？ ¿Qué día es hoy?

今天星期五。 Hoy es viernes.

2. 年龄的问法 Diferentes formas de preguntar la edad

中国人询问年龄时，对不同年龄段的人有不同的问法，而在西班牙语中都用“¿Qué edad tiene?”或“¿Cuántos años tiene?”表达。

Los chinos son más cuidadosos al preguntar la edad a alguien y con diferentes formas para hacerlo. Estas preguntas todas se pueden hacer con ¿Qué edad tiene? o ¿Cuántos años tiene? en español.

你家的小宝宝多大了？	(preguntar por la edad de un bebé)
你多大了？	(Preguntar a alguien por su edad.)
小朋友几岁了？	(Preguntar a un niño.)
你爷爷多大年纪了？	(Preguntar a adulto mayor.)

四、汉字的偏旁 Radicales de los caracteres chinos

"日"：日字头 / 日字旁 Radical "sol"

汉字	pinyin	significado
早	zǎo	temprano
星	xīng	estrella
晚	wǎn	noche
昨	zuó	ayer
明	míng	despejado
时	shí	tiempo

五、练习 Ejercicios

1. 古诗朗诵　Recite el siguiente poema clásico 09-13

míng rì gē
明日歌

[míng] qián hè tān
[明] 钱鹤滩

míng	rì	fù	míng	rì
明	日	复	明	日，
míng	rì	hé	qí	duō
明	日	何	其	多！
wǒ	shēng	dài	míng	rì
我	生	待	明	日，
wàn	shì	chéng	cuō	tuó
万	事	成	蹉	跎。

2. 给下列词语标上汉语拼音　Escriba en pinyin las siguientes palabras

______	______	______	______	______	______	______
大前天	前天	昨天	今天	明天	后天	大后天

3. 将下列西班牙语翻译成汉语，并将相应的汉字写在横线上　Traduzca al chino las siguientes palabras y escriba los caracteres correspondientes

（1）el mes pasado: ______________________

（2）este mes: ________________________

（3）el mes que viene (mes próximo): ________________________

（4）el año pasado: ________________________

（5）el año que viene: ________________________

4. 用汉字写出下列数字表示的年份　Escriba en caracteres los años que expresan las siguientes cifras

2005____________　2006____________　2017____________　2018____________

5. 连线题　Empareje las siguientes oraciones

（1）今天几号？	A. 他爷爷今年七十六岁。
（2）明天星期几？	B. 他不是西班牙人。
（3）你哥哥今年多大？	C. 今天九月五号。
（4）他是西班牙人吗？	D. 明天星期五。
（5）他爷爷多大岁数？	E. 我哥哥今年二十三岁。

6. 将下列句子翻译成汉语　Traduzca al chino las siguientes oraciones

（1）El Día Internacional del Trabajo.

____

（2）El Día Internacional del Niño.

____

（3） El Día de los Enamorados es el 14 de febrero.

____

（4） ¿Cuándo es el Día del Padre?

____

（5） ¿Cuándo es el Día de San Valentín en España?

____

（6） ¿Cuándo es el Día de la Madre?

____

（7） ¿Cuándo es el Año Nuevo?

____

7. 用汉语回答下列问题 Conteste a las siguientes preguntas en chino

（1） 五月一号是什么节日？

（2） 母亲节是哪天？

（3） 你们国家的国庆节（Guóqìng Jié, Día Nacional）是哪天？

（4） 农历九月初九是什么节日？

（5） 农历八月十五是什么节日？

六、汉西对照阅读 Lea los siguientes textos chino-español

十年树木，百年树人。
Shínián-shùmù, bǎinián-shùrén.
Diez años para que crezca un árbol, cien años para forjar a un hombre.

星星之火，可以燎原。
Xīngxīngzhīhuǒ, kěyǐ-liáoyuán.
Una sola chispa puede incendiar la pradera.

随遇而安
suíyù'ér'ān
tomar las cosas como vienen

有其父必有其子。
Yǒu qí fù bì yǒu qí zǐ.
Tal el hijo cual el padre.

忘恩负义
wàng'ēn-fùyì
Casa hospedada, comida y denostada.

第十课 他是谁？

Lección 10 ¿Quién es él?

关键句 Frases clave 10-1

Tā shì wǒ nǎinai.
1. 她是我奶奶。

Wǒ bàba shì yīshēng.
2. 我爸爸是医生。

Tā shì wǒ nánpéngyou.
3. 他是我男朋友。

Wǒ ài tā.
4. 我爱他。

一、课文 Texto

Tā shì shéi?
（一）她是谁？ 10-2

Jiǎ: Tā shì shéi?
甲：她是谁？

Yǐ: Tā shì wǒ nǎinai.
乙：她是我奶奶。

Jiǎ: Tā shì shéi?
甲：他是谁？

Yǐ: Tā shì wǒ yéye.
乙：他是我爷爷。

Jiǎ: Tāmen shì shéi?
甲：他们是谁？

Yǐ: Tāmen shì wǒ de bàba māma.
乙：他们是我的爸爸妈妈。

Jiǎ: Nǐ bàba shì yīshēng ma?
甲：你爸爸是医生吗？

Yǐ: Shì, wǒ bàba shì yīshēng.
乙：是，我爸爸是医生。

Jiǎ: Nǐ māma yě shì yīshēng ma?
甲：你妈妈也是医生吗？

Yǐ: Bù, wǒ māma bú shì yīshēng, tā shì gōngrén.
乙：不，我妈妈不是医生，她是工人。

生词 Vocabulario 10-3

1.	谁	（代）	shéi	quién
2.	医生	（名）	yīshēng	médico, ca, doctor, ra
3.	工人	（名）	gōngrén	trabajador, ra

Tā shì shéi?
（二）他是谁？

10-4

Yí duì fēnshǒu liànrén de duìhuà
——一对　分手　恋人　的　对话

Nán: Nàge rén shì shéi?
男：那个人是谁？

Nǚ: Tā shì wǒ nánpéngyou.
女：他是我男朋友。

Nán: Shénme? Tā shì nǐ nánpéngyou ma?
男：什么？他是你男朋友吗？

Nǚ: Shì de. Wǒ ài tā.
女：是的。我爱他。

Nán: Nàme, wǒ shì bu shì nǐ nánpéngyou?
男：那么，我是不是你男朋友？

Nǚ: Bù! Nǐ bú shì wǒ de nánpéngyou, nǐ zhǐ shì wǒ de hǎo péngyou.
女：不！你不是我的男朋友，你只是我的好朋友。

Nán: Zhème shuō, nǐ bù xǐhuan wǒ?
男：这么说，你不喜欢我？

Nǚ: Shì de.
女：是的。

Nán: Nǐ wèi shénme gēn wǒ fēnshǒu?
男：你为什么跟我分手？

Nǚ: Bú wèi shénme.
女：不为什么。

Nán: Shì nǐ de cuòr, háishi wǒ de cuòr?
男：是你的错儿，还是我的错儿？

Nǚ: Dāngrán shì nǐ de cuòr, bú shì wǒ de cuòr.
女：当然是你的错儿，不是我的错儿。

Nán: Bié zhème shuō! Wǒ xiǎng, bú shì nǐ de cuòr, yě bú shì wǒ de cuòr.
男：别这么说！我想，不是你的错儿，也不是我的错儿。

Nǚ: Nà shì shéi de cuòr?
女：那是谁的错儿？

Nán: Dàgài shì zánmen liǎ méiyǒu yuánfèn ba.
男：大概是咱们俩没有缘分吧。

生词 Vocabulario 10-5

1.	对	（量）	duì	un par, una pareja
2.	分手		fēn//shǒu	romperse, terminar una relación amorosa
3.	恋人	（名）	liànrén	persona enamorada, novia y novio
4.	对话	（名）	duìhuà	diálogo
5.	男朋友	（名）	nánpéngyou	novio
6.	朋友	（名）	péngyou	amigo
7.	爱	（动）	ài	amar

8. 那么	（连）	nàme	entonces
9. 只	（副）	zhǐ	solamente
10. 这么	（代）	zhème	así
11. 喜欢	（动）	xǐhuan	gustarle a alguien
12. 为什么		wèi shénme	por qué
13. 跟	（介）	gēn	con
14. 错儿	（名）	cuòr	falta, culpa
15. 当然	（副）	dāngrán	claro, naturalmente
16. 别	（副）	bié	no
17. 想	（动）	xiǎng	pensar
18. 大概	（副）	dàgài	probablemente
19. 咱们	（代）	zánmen	nosotros (dos)
20. 俩		liǎ	dos
21. 缘分	（名）	yuánfèn	destino, karma
22. 吧	（语助）	ba	partícula

二、语法 Gramática

1. 汉语的句子结构 Estructura de la oración en chino

主语	谓语	宾语
Sujeto +	predicado +	objeto
我	喜欢	他。
我	爱	你。
王朋	是	中国人。

2. 定语（1） Modificador adjectival (1)

定语主要是用来修饰名词的，被修饰的成分叫中心语。在汉语中，名词、代词、形容词等都可以做定语，定语一定要放在中心语的前边。

El modificador adjetival se usa principalmente para modificar el sustantivo. El elemento modificado se llama palabra central. Los sustantivos, los pronombres y los adjetivos, todos pueden usarse como modificadores adjetivales. Este siempre precede a la palabra central.

爸爸的报纸
我们的父母
我们的大学
他们的朋友

（1）人称代词做定语，定语和中心语之间要加上结构助词“的”。Cuando los pronombres personales sirven de modificador adjetival, la partícula estructural “的” debe ir intercalada entre el modificador adjetival y la palabra central.

他们的椅子（yǐzi）
我的小狗

如果中心语是表示国家、集体、亲属称谓的词语，有时候可以不加“的”。如：他们国家、你们学校、我妹妹。

Sin embargo, si la palabra central expresa país, colectivo, tratamientos de los parientes, a veces se puede omitir “的”. Por ejemplo: 他们国家，你们学校、我妹妹.

（2）名词做定语表示领属关系时，定语和中心语之间要加上结构助词“的”。

Cuando un sustantivo sirve de modificador adjetival para expresar la relación posesiva, la partícula estructural “的” debe ir intercalada entre el modificador adjetival y la palabra central:

女儿的护照

爸爸的报纸

小狗的名字

注释 Notas

汉语定语的位置和西班牙语不同，汉语中的定语在中心语前面，西班牙语中的定语在中心语后面。

El orden de las palabras en chino es diferente en español. En chino, el modificador va delante de la palabra central, mientras que en español, el modificador generalmente va detrás de ella.

3. 用疑问代词“谁”“为什么”提问的疑问句 Oraciones interrogativas formadas con“谁”,“为什么”

（1） A：他是谁?

B：他是我爷爷。

（2） A：谁是你的老师?

B：王鹏是我的老师。

（3） A：你为什么跟我分手?

B：因为（yīnwèi, porque）我不喜欢你。

（4） A：你为什么学习汉语?

B：因为汉语很有意思（yǒu yìsi, interesante）。

三、汉西对比 Comparación

汉语“人称代词 + 的”的表达方式
adjetivos y pronombres posesivos

西班牙语中物主代词和物主形容词所表达的概念，在汉语里通常用“人称代词 + 的”来表达，如“我的、你的、他的”等，但汉语没有性数的变化。如：

Lo que llamamos pronombres y adjetivos posesivos en español tiene la siguiente estructura en chino: pronombre personal + partícula “的”, tales como “我的、你的、他的” (mi, mío, tu, tuyo, su, suyo), una forma no tiene cambios ni de género ni de número. Por ejemplo:

我的工作	mi trabajo
他的学习	su estudio
你的家庭	tu familia
我的狗	mi perro

如果用在表示亲属称谓或单位的名词前，“的”字往往省略。如：

Si el “pronombre personal + 的” va delante de nombres para expresar parentesco o lugares de trabajo o estudio generalmente se omite la partícula “的”. Por ejemplo:

我奶奶	mi abuela
你爷爷	tu abuelo
他朋友	su amigo
我们学校	nuestra escuela

四、汉字的偏旁 Radicales de los caracteres chinos

"讠"：言字旁　Radical "palabra"

Pinyin	Carácter	Significado
dú	读	leer
rèn	认	conocer
shí	识	saber
kè	课	lección
qǐng	请	por favor
shuō	说	hablar, decir
huà	话	palabra
tán	谈	hablar
jiǎng	讲	contar, relatar

五、练习 Ejercicios

1. 语音练习 Ejercicios fonéticos

（1）古诗词朗诵 Recite el siguiente poema clásico 10-6

shuǐ diào gē tóu · míng yuè jǐ shí yǒu
水调歌头·明月几时有

[sòng] sū shì
［宋］苏轼

míng yuè jǐ shí yǒu
明月几时有？

bǎ jiǔ wèn qīng tiān
把酒问青天。

bù zhī tiān shàng gōng què
不知天上宫阙，

jīn xī shì hé nián
今夕是何年。

wǒ yù chéng fēng guī qù
我欲乘风归去，

yòu kǒng qióng lóu yù yǔ
又恐琼楼玉宇，

gāo chù bú shèng hán
高处不胜寒。

qǐ wǔ nòng qīng yǐng
起舞弄清影，

hé sì zài rén jiān
何似在人间。

zhuǎn zhū gé, dī qǐ hù, zhào wú mián
转朱阁，低绮户，照无眠。

bù yīng yǒu hèn
不应有恨，

hé shì cháng xiàng bié shí yuán
何事长向别时圆？
rén yǒu bēi huān lí hé
人有悲欢离合，
yuè yǒu yīn qíng yuán quē
月有阴晴圆缺，
cǐ shì gǔ nán quán
此事古难全。
dàn yuàn rén cháng jiǔ
但愿人长久，
qiān lǐ gòng chán juān
千里共婵娟。

（2）称谓词练习 Ejercicios de palabras de tratamiento 10-7

māma	mǔqīn	bàba	fùqīn	gēge	dìdi
shūshu	mèimei	jiějie	qīzi	érzi	jiùjiu
yímā	lǎolao	lǎoye	nǚ'ér		

（3）朗读下列词组 Lea las siguientes palabras 10-8

我的书	wǒ de shū	mi libro
他的椅子	tā de yǐzi	su silla
我们国家	wǒmen guójiā	nuetro país
你们学校	nǐmen xuéxiào	vuestra escuela
他们的护照	tāmen de hùzhào	sus pasaportes
爸爸的报纸	bàba de bàozhǐ	el periódico de papá
弟弟的本子	dìdi de běnzi	el cuaderno del hermano menor

2. 替换练习　Ejercicios de sustitución

（1）A：他是谁？

B：他是我爷爷。

爷爷
爸爸
哥哥
朋友

（2）A：这是谁的护照？

B：这是爸爸的护照。

爸爸的
何塞的
妈妈的
我哥哥的

（3）A：谁是学生？

B：何塞是学生。

学生	何塞
老师	王朋
医生	许放
工人	他爷爷

（4）A：这是谁的书？

B：这是他的书。

他的
我的
米塔尔的
我们老师的

（5）A：你忙不忙？

B：我很忙。

忙
累（lèi）
高兴
是（医生）

3. 将下列句子翻译成汉语　Traduzca al chino las siguientes oraciones

（1）¿Quién eres tú?

____

（2）¿Quién es Carlos?

____

（3）¿Quién es Juan?

____

（4）¿Quién es Antonio?

____

（5）¿Quién es usted?

____

（6）¿Quién es Wang Peng?

____

（7）¿Quién es ella?

____

（8）¿Quién es Xiao Ming?

____

（9）¿Quién es Carmen?

____

（10）¿Quién es Lao Liu?

____

4. 连词成句　Forme oraciones con las siguientes palabras

例：这是爸爸的报纸。（的　　爸爸　　报纸）

（1）这是__________。（书　　老师　　的）

（2）你__________？（他　　喜欢　　为什么）

（3）那是__________？（谁　　妹妹　　的）

（4）__________汉语？（学习　　为什么　　何塞）

（5）王朋__________？（不是　　是　　汉语老师）

（6）__________。（他　　我的　　是　　哥哥）

5. 主题会话　Diálogo temático

选一张全家福，与同学交换后进行对话，问问照片上的人是谁。

Elija una foto familiar e intercámbiela con un compañero de clase. Luego converse con él preguntándole quiénes son las personas que están en la foto.

六、汉西对照阅读 Lea los siguientes textos chino-español

El día 15 de la octava Luna del año Bing Chen*（丙辰）,
bebí toda la noche, hasta la madrugada.
Me emborraché y escribí este poema en recuerdo de Ziyou（子由）.

Con la copa de vino entre los dedos,
pregunto al cielo cuándo saldrá la luna.
No sé qué año es esta noche
en sus palacios celestiales.
Yo quisiera ir allí pero me temo
que esos palacios de jade de la Luna
deben estar helados.
Mejor vivir entre los hombres,
bailando solo con la sombra de esa Luna.

Ella brilla redonda en los rojos pabellones,
penetra por el celaje de las ventanas,
desvela a los que no pueden dormir.
Esta luz de la noche no debería odiar a los hombres
¿por qué se alza tan plena
si están lejanos los que se quieren?
La vida es alegría, tristeza, encuentro, separación...
También la Luna es clara, oculta, redonda, quebrada,
nunca nada es perfecto.
Deseo que tengamos larga vida y gocemos
la misma Luna llena aunque estemos tan lejos.

* La fiesta de la octava Luna coincide con el tiempo de otoño y con el momento en que la luna aparece de mayor tamaño. Tal luna se convierte en el símbolo de la unión familiar.

第十一课 这是什么？
Lección 11 ¿Qué es esto?

关键句 Frases clave 11-1

Zhè shì shénme？
1. 这是什么？

Zhè shì yì tái diànnǎo.
2. 这是一台电脑。

Nà shì yí bù jìnkǒu shǒujī ma?
3. 那是一部进口手机吗？

Zhèxiē shì Xiǎomǐ shǒujī.
4. 这些是小米手机。

Yīnwèi tā tài guì le.
5. 因为它太贵了。

一、课文 Texto

Zhè shì shénme?
（一）这是什么？ 11-2

Jiǎ: Zhè shì shénme?
甲：这是什么？

Yǐ: Zhè shì yì tái diànnǎo.
乙：这是一台电脑。

Jiǎ: Zhè shì yì tái xīnshì diànnǎo ma?
甲：这是一台新式电脑吗？

Yǐ: Bù, zhè shì yì tái lǎoshì diànnǎo.
乙：不，这是一台老式电脑。

Jiǎ: Nà shì shénme?
甲：那是什么？

Yǐ: Nà shì yí bù shǒujī.
乙：那是一部手机。

Jiǎ: Nà shì yí bù jìnkǒu shǒujī ma?
甲：那是一部进口手机吗？

Yǐ: Bù, nà shì yí bù guóchǎn shǒujī.
乙：不，那是一部国产手机。

Jiǎ: Zhè shì shénme shǒujī?
甲：这是什么手机？

Yǐ: Zhè shì Huáwéi shǒujī.
乙：这是华为手机。

Jiǎ: Nà shì shénme shǒujī?
甲：那是什么手机？

Yǐ: Nà shì Sānxīng shǒujī.
乙：那是三星手机。

Jiǎ: Zhèxiē ne?
甲：这些呢？

Yǐ: Zhèxiē shì Xiǎomǐ shǒujī.
乙：这些是小米手机。

Jiǎ: Nǐ xǐhuan shénme shǒujī?
甲：你喜欢什么手机？

Yǐ: Wǒ xǐhuan zhìnéng shǒujī.
乙：我喜欢智能手机。

Jiǎ: Nǐ xiǎng mǎi shénme shǒujī?
甲：你想买什么手机？

Yǐ: Wǒ xiǎng mǎi Huáwéi shǒujī.
乙：我想买华为手机。

Jiǎ: Nǐ wèi shénme xǐhuan Huáwéi shǒujī?
甲：你为什么喜欢华为手机？

Yǐ: Yīnwèi tā hǎoyòng hái piányi.
乙：因为它好用还便宜。

Jiǎ: Nǐ wèi shénme bù mǎi Píngguǒ shǒujī?
甲：你为什么不买苹果手机？

Yǐ: Yīnwèi tā tài guì le.
乙：因为它太贵了。

注释 Notas

"华为""小米"是中国的品牌，"三星"是韩国的品牌，"苹果"是美国的品牌。

"Huawei" y "Xiaomi" son marcas chinas. "Samsung" es una marca coreana, "Apple" es una marca estadounidense.

生词 Vocabulario 11-3

1.	这	（代）	zhè	este, esta, esto
2.	台	（量）	tái	clasificator
3.	电脑	（名）	diànnǎo	computadora, ordenador
4.	新式	（形）	xīnshì	nuevo tipo
5.	老式	（形）	lǎoshì	pasado de moda
6.	那	（代）	nà	ese, esa, eso
7.	部	（量）	bù	clasificador
8.	手机	（名）	shǒujī	móvil, celular
9.	进口	（动）	jìnkǒu	importación
10.	国产	（形）	guóchǎn	de fabricación nacional
11.	智能	（形）	zhìnéng	inteligente, smart
12.	买	（动）	mǎi	comprar
13.	因为	（连）	yīnwèi	porque
14.	便宜	（形）	piányi	barato
15.	贵	（形）	guì	caro

Diànnǎo de gōngnéng
（二）电脑的功能 11-4

Yòng diànnǎo kěyǐ tīng yīnyuè.
用 电脑可以听音乐。

Yòng diànnǎo nénggòu kàn diànyǐng.
用 电脑 能够 看 电影。

Yòng diànnǎo kěyǐ dǎ diànhuà.
用电脑可以打电话。

Yòng diànnǎo hái nénggòu shàngwǎng.
用电脑还能够上网。

....

Zài wǎng shang kěyǐ kàn shū.
在网上可以看书。

Zài wǎng shang kěyǐ dìng piào.
在网上可以订票。

Zài wǎng shang kěyǐ gòuwù.
在网上可以购物。

Zài wǎng shang kěyǐ liáotiānr.
在网上可以聊天儿。

Yòng zhìnéng shǒujī shénme dōu néng zuò.
用智能手机什么都能做。

Yòng shǒujī néng zhàoxiàng.
用手机能照相。

Yòng shǒujī néng dǎoháng.
用手机能导航。

Yòng shǒujī néng kàn tiānqì.
用手机能看天气。

Yòng shǒujī néng mǎi dōngxi.
用手机能买东西。

....

Zài shǒujī shang nénggòu kàn xiǎoshuō.
在手机上能够看小说。

Zài shǒujī shang nénggòu kàn shìpín.
在手机上能够看视频。

Zài shǒujī shang nénggòu tīng yīnyuè.
在手机上 能够 听 音乐。

Zài shǒujī shang nénggòu wán yóuxì.
在手机上 能够 玩游戏。

注释 Notas

能愿动词用来表示说话者的主观意愿。如：

Verbos de voluntad sirven para expresar la voluntad subjetiva del hablante. Por ejemplo:

可以	poder	想	querer, desear
能够	poder	能	poder

生词 Vocabulario 11-5

1.	功能	（名）	gōngnéng	función
2.	用	（动）	yòng	usar
3.	可以	（能愿动词）	kěyǐ	poder
4.	听	（动）	tīng	escuchar
5.	音乐	（名）	yīnyuè	música
6.	能够	（能愿动词）	nénggòu	poder
7.	看	（动）	kàn	ver
8.	电影	（名）	diànyǐng	película
9.	打电话		dǎ diànhuà	hacer una llamada

10. 电话	（名）	diànhuà	teléfono
11. 上网		shàng//wǎng	navegar por internet
12. 网	（名）	wǎng	red, internet
13. 订	（动）	dìng	reservar
14. 票	（名）	piào	billete
15. 购物	（动）	gòuwù	comprar
16. 聊天儿		liáo//tiānr	charlar
17. 能	（能愿动词）	néng	poder
18. 导航	（动）	dǎoháng	navegador
19. 游戏	（名）	yóuxì	juego

二、语法 Gramática

1. 汉语的量词（1） Los clasificadores en chino (1)

量词是汉语特有的一类词，分为名量词和动量词。

名量词是表示事物数量单位的词，动量词是指放在动词后面用来表示动作次数的词。本课出现的量词都是名量词。

Las palabras clasificadoras constituyen una de las particularidades de la lengua china. Se distinguen dos clases de palabras clasificadoras: las nominales y las verbales.

Las nominales se usan para indicar unidades de número de cosas y las verbales, por su parte, colocadas seguidos de los verbos, son aquellas que indican el número de veces de una acción verbal. Todos los clasificadores que aparecen en los textos son nominales.

名量词的用法：

Uso de los clasificadores nominales:

（1）数词＋名量词＋名词　Numeral + clasificador nominal + nombre

一本（běn）书（shū）　un libro

一棵（kē）树（shù）　un árbol

一张（zhāng）纸（zhǐ）　una hoja de papel

一封（fēng）信（xìn）　una carta

一台电脑　una computadora

一部手机　un celular

三份（fèn）报纸（bàozhǐ）　tres periódicos

四个本子　cuatro cuadernos

六个鼠标（shǔbiāo）　seis ratones

（2）指示代词＋名量词＋名词　pronombre demostrativo + clasificador nominal + nombre

这个人　esta persona

那本书　ese libro

这台电脑　esta computadora

那支（zhī）笔（bǐ）　ese lápiz

那些学生　esos estudiantes

2. 定语（2）　Modificador adjetival (2)

（1）形容词做定语　Adjetivo usado como modificador adjetival

美丽的姑娘	la muchacha linda
幸福的家庭	una familia feliz
好玩儿的小狗	un cachorro divertido

（2）数量短语做定语 Numeral clasificador usado como modificador adjetival

一个人 una persona

两条（tiáo）狗 dos perros

三张纸 tres hojas de papel

五把（bǎ）尺子（chǐzi） cinco reglas

三、汉西对比 Comparación

指示代词
Pronombres demostrativos

“这”与“那”在汉语中都叫指示代词，在意思上同西班牙语的指示形容词和指示代词“este esta esto, ese esa eso, aquel aquella aquello”相似。但与西班牙语不同，汉语的指示代词没有阴阳性，没有单复数。汉语的这类词后面一般都带有量词，如“这个人、那个人、这台电脑、那台电脑”。

“这” y “那” en la lengua china se llaman pronombres demostrativos. Su significado es similar a “este, esta, esto, ese, esa, eso, aquel, aquella, aquello” en español, que se llaman adjetivos y pronombres demostrativos. La diferencia está en que en chino estas palabras llevan generalmente clasificadores, como 这个人 (esta persona), 那个人 (esa persona), 这台电脑 (este ordenador), 那台电脑 (ese ordenador). Esta expresión no tiene cambios ni de género, ni de número.

四、汉字的偏旁 Radicales de los caracteres chinos

"扌"：提手旁　Radical "mano"

Pinyin	Carácter	Significado
dǎ	打	pegar
pāi	拍	golpear
sǎo	扫	barrer, limpiar
rēng	扔	arrojar
zhǎo	找	buscar
lā	拉	tirar
tuī	推	empujar
tuō	拖	arrastrar
bào	抱	abrazar

五、练习 Ejercicios

1. 语音练习　Ejercicios fonéticos

（1）古诗朗诵　Recite el siguiente poema clásico　11-6

yǒng é
咏 鹅

[táng] luò bīn wáng
［唐］骆 宾 王

é é é
鹅，鹅，鹅，

qū xiàng xiàng tiān gē
曲 项 向 天 歌。

bái máo fú lǜ shuǐ
白 毛 浮 绿 水，

hóng zhǎng bō qīng bō
红 掌 拨 清 波。

（2）跟读下列拼音　Escuche y lea las siguientes palabras en pinyin　11-7

dǎkāi	wénjiàn	dǎyìn	fāsòng	bǎocún	shānchú
biānjí	chèxiāo	fùzhì	zhāntiē	tìhuàn	xuǎnzé
chārù	shùzì	fúhào	túpiàn	biǎogé	bāngzhù
géshì	zìtǐ	duànluò	gōngjù	xìnhán	yóujiàn

（3）根据拼音朗读下列词语　Lea en voz alta las siguientes palabras según el pinyin　11-8

网上银行
wǎngshàng yínháng

网上商店
wǎngshàng shāngdiàn

网上影院 wǎngshàng yǐngyuàn	网上剧院 wǎngshàng jùyuàn
娱乐游戏 yúlè yóuxì	外卖快递 wàimài kuàidì
百度地图 Bǎidù Dìtú	高德地图 Gāodé Dìtú
各项功能 gè xiàng gōngnéng	各项服务 gè xiàng fúwù
无所不能 wú suǒ bù néng	各种需求 gè zhǒng xūqiú

2. 替换练习 Ejercicios de sustitución

（1）A：这是什么？

B：这是柜子。

柜子	guìzi	armario
桌子	zhuōzi	mesa
椅子	yǐzi	silla
床	chuáng	cama
沙发	shāfā	sofá
窗子	chuāngzi	ventana

（2）A：那是什么？

B：那是一台电脑。

台	电脑	一
张	照片（zhàopiàn）	三
本	书	六
支	笔	两
部	手机	一

（3）A：这是什么？

B：这是刀子。

刀子	dāozi	cuchillo
叉子	chāzi	tenedor
盘子	pánzi	plato
勺子	sháozi	cuchara
筷子	kuàizi	palillos

（4）A：那些是什么？

B：那些是刷子。

刷子	shuāzi	cepillo
绳子	shéngzi	cuerda
扇子	shànzi	abanico
帘子	liánzi	cortina

3. 找出下列短语中的量词　Encuentre los clasificadores en los siguientres grupos de palabras

（1）这支笔　esta pluma　____________________

（2）那本书　ese libro　____________________

（3）这个人　esta persona　____________________

（4）那张报纸　ese periódico　____________________

（5）这棵树　este árbol　____________________

（6）这把尺子　esta regla　____________________

4. 在横线处填上名词、形容词或数量短语　Rellene los siguientes espacios en blanco con sustantivos, adjetivos o clasificadores

（1）这是 ________ 电脑。

（2）这些是 ________ 的叉子。

（3）那是 ________ 的书包。

（4）那些是 ________ 的刀子。

（5）这是 ________ 的手机。

（6）这些是 ________ 的筷子。

（7）那是 ________ 的U盘。

（8）那些是 ________ 的本子。

5. 将下列句子翻译成汉语　Traduzca al chino las siguientes oraciones

（1）Esto es una pluma.

____

（2）Esto es un plato.

____

（3）Esto es un árbol.

____

（4）Esto es una casa.

____

（5）Esto es un sofá.

____

（6）Esto es una cartera (de libros).

____

6. 将下列句子翻译成西班牙语　Traduzca al español las siguientes oraciones

（1）这是一台电脑。

____

（2）那是三棵树。

____

（3）这是五部手机。

____

（4）那是八张纸。

____

（5）这是一个鼠标。　　　　（6）那是一个学生。

________　　　　________

六、汉西对照阅读 Lea los siguientes textos chino-español

谜语 Adivinanza

这是什么？	¿Qué es esto?
远看山有色，	De lejos se ve el color del paisaje
近听水无声。	De cerca no se escucha el correr del agua
春去花还在，	Cuando pasa la primavera, quedan las flores,
人来鸟不惊。	si se acerca una persona, los pájaros no se asustan.

这是什么？	¿Qué es esto?
有风身不动，	Cuando hay viento mi cuerpo no se mueve
一动就生风。	desde que me muevo produce viento.
人若不用我，	Si los hombres no me utilizan
要等起秋风。	habrá que esperar el viento de otoño.

第十二课 现在几点了？

Lección 12 ¿Qué hora es?

关键句 Frases clave 12-1

Xiànzài jǐ diǎn le?
1. 现在几点了？

Nǐmen shàngwǔ jǐ diǎn shàngkè?
2. 你们上午几点上课？

Tā nǚ'ér shì shénme shíjiān chūshēng de?
3. 她女儿是什么时间出生的？

Nǐmen shénme shíhou kāixué?
4. 你们什么时候开学？

一、课文 Texto

Xiànzài jǐ diǎn le?
（一）现在几点了？ 12-2

Jiǎ: Xiànzài jǐ diǎn le?
甲：现在几点了？

Yǐ: Xiànzài shì Běijīng shíjiān bā diǎn zhěng.
乙：现在是北京时间八点整。

Jiǎ: Xībānyá Mǎdélǐ de shíjiān shì jǐ diǎn?
甲：西班牙马德里的时间是几点？

Yǐ: Xībānyá Mǎdélǐ xiànzài shì língchén liǎng diǎn.
乙：西班牙马德里现在是凌晨两点。

Jiǎ: Nánbànqiú de Zhìlì Shèngdìyàgē ne?
甲：南半球的智利圣地亚哥呢？

Yǐ: Zhìlì Shèngdìyàgē xiànzài shì wǎnshàng bā diǎn.
乙：智利圣地亚哥现在是晚上八点。

……………………………………………………

Bǐng: Nǐmen shàngwǔ jǐ diǎn shàngkè?
丙：你们上午几点上课？

Dīng: Shàngwǔ wǒmen bā diǎn zhěng shàngkè.
丁：上午我们八点整上课。

Bǐng: Xiàwǔ ne?
丙：下午呢？

Dīng: Xiàwǔ wǒmen yī diǎn yí kè shàngkè.
丁：下午我们一点一刻上课。

Bǐng: Xiàwǔ nǐmen jǐ diǎn xiàkè?
丙：下午你们几点下课？

Dīng: Xiàwǔ wǒmen sì diǎn sān kè xiàkè.
丁：下午我们四点三刻下课。

……………………………………………………

Wù: Dīngdīng, nǐ jīntiān hé wénwen jǐ diǎn jiànmiàn?
戊：丁丁，你今天和文文几点见面？

Jǐ: Māma, wǒmen wǎnshang qī diǎn bàn jiànmiàn.
己：妈妈，我们晚上七点半见面。

Wù： Xiānzài yǐjīng qī diǎn guò wǔ fēn le. Bié chídào le!
戊： 现在已经七点过五分了。别迟到了！

Jǐ： Hǎo de, wǒ xiànzài jiù chūfā.
己： 好的，我现在就出发。

生词 Vocabulario 12-3

1.	点	（量）	diǎn	hora
2.	整	（形）	zhěng	en punto
3.	凌晨	（名）	língchén	temprano en la mañana
4.	半	（数）	bàn	medio, media
5.	上午	（名）	shàngwǔ	(por la) mañana
6.	上课		shàng//kè	empezar la clase
7.	下午	（名）	xiàwǔ	(por la) tarde
8.	刻	（量）	kè	un cuarto
9.	下课		xià//kè	terminar la clase
10.	见面		jiàn//miàn	encontrarse, verse
11.	晚上	（名）	wǎnshang	noche
12.	已经	（副）	yǐjīng	ya
13.	过	（动）	guò	pasar
14.	分（钟）	（量）	fēn (zhōng)	minuto
15.	迟到	（动）	chídào	tardar, llegar tarde
16.	出发	（动）	chūfā	partir

Huǒchē shì jǐ diǎn de?
(二)火车是几点的? 12-4

Jiǎ: Huǒchē shì jǐ diǎn de?
甲: 火车是几点的?

Yǐ: Huǒchē shì shíyī diǎn sān kè de. Bié wǎn le!
乙: 火车是十一点三刻的。别晚了!

Jiǎ: Nǐ dǎsuàn jǐ diǎn chūfā?
甲: 你打算几点出发?

Yǐ: Wǒ dǎsuàn chà yí kè shí diǎn chūfā.
乙: 我打算差一刻十点出发。

....

Bǐng: Tā nǚ'ér shì shíme shíjiān chūshēng de?
丙: 她女儿是什么时间出生的?

Dīng: Tā nǚ'ér shì èr líng yī sì nián Liùyuè shíbā rì shàngwǔ shí diǎn sìshí fēn sān miǎo chūshēng de.
丁: 她女儿是 2014 年 6 月 18 日上午 10 点 40 分 3 秒出生的。

....

Wù: Tā érzi shì shíme shíhou shàngxué de?
戊: 他儿子是什么时候上学的?

Jǐ: Tā érzi shì liù suì bàn shàngxué de.
己: 他儿子是六岁半上学的。

....

Gēng: Nǐ shì nǎ nián qù Āgēntíng de?
庚: 你是哪年去阿根廷的?

Xīn: Wǒ shì yī jiǔ bā èr nián qù Āgēntíng de.
辛: 我是 1982 年去阿根廷的。

Gēng：Nǐ zài Bùyínuòsī'àilìsī zhùle duō cháng shíjiān?
庚：你在布宜诺斯艾利斯住了多长时间？

Xīn：Wǒ zài nàr zhùle sānshí nián.
辛：我在那儿住了三十年。

....

Rén：Zuótiān nǐ shì shénme shíhou chūmén de?
壬：昨天你是什么时候出门的？

Guǐ：Zuótiān wǒ shì zǎoshang qī diǎn sìshí chūmén de.
癸：昨天我是早上7点40出门的。

Rén：Zuótiān nǐ shì shénme shíhou dào jiā de?
壬：昨天你是什么时候到家的？

Guǐ：Zuótiān wǒ shì wǎnshang jiǔ diǎn bàn dào jiā de.
癸：昨天我是晚上9点半到家的。

生词 Vocabulario 12-5

1.	晚	（形）	wǎn	tarde
2.	打算	（动）	dǎsuàn	planear
3.	差	（动）	chà	faltar
4.	出生	（动）	chūshēng	nacer
5.	秒	（量）	miǎo	segundo (referido a tiempo)
6.	时候	（名）	shíhou	tiempo
7.	多长		duō cháng	cuánto tiempo
8.	到	（动）	dào	llegar

注释 Notas

句尾语气助词“了”

汉语中“了”共有七种不同用法，今后将一个个学习。

本课的“了”放在句尾，表示某事或某情况已经发生，有成句的作用。

La partícula modal “了” tiene 7 usos, que vamos a estudiar uno tras otro.

En esta lección, “了” se coloca al final de la oración para afirmar que un asunto o una situación ya ha ocurrido.

现在几点了？

现在已经七点过五分了。

他儿子上学了。

Nǐmen shénme shíhou kāixué?
（三）你们什么时候开学？ 12-6

Jiǎ: Nǐmen shénme shíhou kāixué? Shénme shíhou fàngjià?
甲：你们什么时候开学？什么时候放假？

Yǐ: Dì-yī xuéqī wǒmen Jiǔyuè yī hào kāixué, Yīyuè shíwǔ hào fàng hánjià.
乙：第一学期我们九月一号开学，一月十五号放寒假。

Dì-èr xuéqī wǒmen Èryuè èrshísān hào kāixué, Qīyuè shí'èr hào fàng shǔjià.
第二学期我们二月二十三号开学，七月十二号放暑假。

Jiǎ: Nǐmen měi tiān jǐ diǎn shàngkè? Jǐ diǎn xiàkè?
甲：你们每天几点上课？几点下课？

Yǐ: Wǒmen měi tiān bā diǎn shàngkè. Shàngwǔ wǒmen shí'èr diǎn xiàkè, xiàwǔ
乙：我们每天八点上课。上午我们十二点下课，下午

wǒmen sì diǎn xiàkè.
我们四点下课。

Jiǎ: Nǐ qīzi jǐ diǎn shàngbān?
甲：你妻子几点上班？

Yǐ: Tā jiǔ diǎn shàngbān.
乙：她九点上班。

Jiǎ: Hésài měi tiān gōngzuò duō cháng shíjiān?
甲：何塞每天工作多长时间？

Yǐ: Tā shàngwǔ jiǔ diǎn shàngbān, xiàwǔ wǔ diǎn xiàbān. Měi tiān gōngzuò bā gè xiǎoshí. Nǐ ne?
乙：他上午九点上班，下午五点下班。每天工作八个小时。你呢？

Jiǎ: Wǒ méiyǒu gōngzuò, bú shàngbān. Nǐ jiā jǐ diǎn chī wǔfàn?
甲：我没有工作，不上班。你家几点吃午饭？

Yǐ: Wǒ jiā shí'èr diǎn chī wǔfàn.
乙：我家十二点吃午饭。

Jiǎ: Xībānyárén jǐ diǎn chī wǔfàn?
甲：西班牙人几点吃午饭？

Yǐ: Tōngcháng xiàwǔ liǎng diǎn, yǒushí xiàwǔ sì diǎn.
乙：通常下午两点，有时下午四点。

Jiǎ: Gǔbārén wǎnshang jǐ diǎn shuìjiào?
甲：古巴人晚上几点睡觉？

Yǐ: Bù yídìng, yǒushí zǎo, yǒushí wǎn. Yìbān dōu hěn wǎn.
乙：不一定，有时早，有时晚。一般都很晚。

生词 Vocabulario 12-7

1.	开学		kāi//xué	iniciar el nuevo semestre
2.	放假		fàng//jià	comenzar vacaciones escolares
3.	学期	（名）	xuéqī	semestre
4.	寒假	（名）	hánjià	las vacaciones de invierno
5.	暑假	（名）	shǔjià	las vacaciones de verano
6.	每	（代）	měi	cada
7.	上班		shàng//bān	empezar a trabajar
8.	下班		xià//bān	salir del terminar de trabajar
9.	小时	（名）	xiǎoshí	hora
10.	吃	（动）	chī	comer
11.	午饭	（名）	wǔfàn	almuerzo
12.	通常	（副）	tōngcháng	generalmente
13.	睡觉		shuì//jiào	dormir
14.	有时	（副）	yǒushí	a veces
15.	早	（形）	zǎo	temprano
16.	一般	（形）	yìbān	generalmente

二、语法 Gramática

1. 汉语的时间表达方式 Formas de decir la hora

（1）汉语时间表达方式的基本顺序是时、分、秒。

Orden básico de las formas de decir la hora en la lengua china es: hora, minuto, segundo.

她女儿是2014年6月18日上午10点40分43秒出生的。
Su hija nació a las 10:40:43 de la mañana, el 18 de junio de 2014.

他马拉松（mǎlāsōng, Maratón）赛跑（sàipǎo, carrera）的成绩是2小时42分25秒。

En la carrera Maratón consiguió una marca de 2 horas 42 minutos 25 segundos.

（2）汉语时点的表达方式 Expresión de horas

一点	Es la una en punto.	1:00
一点半 / 一点三十分	Es la una y media.	1:30
一点过两分 / 一点零两分	Es la una y dos minutos.	1:02
两点十六分	Son las dos y diez.	2:16
三点一刻	Son las tres y cuarto.	3:15
三点三刻	Son las cuatro menos cuarto	3:45
差五分四点	Son las cuatro menos cinco.	3:55
差一刻五点	Son las cinco menos cuarto.	4:45

（3）汉语时段的表达方式 La expresión del período de tiempo en chino

学生开学三个月了。	Las clases han comenzado hace ya tres meses.
放假四天了。	Las vacaciones empezaron desde hace cuatro días.
爸爸每天工作八个小时。	El padre trabaja ocho horas todos los días.
这本书她读了两个星期了。	Ella lleva dos semanas leyendo este libro.

2. “是……的”句（1）　La oración con “是……的”（1）

汉语中表示强调的方式有很多种，这里介绍的是“是……的”句型。本课的“是……的”句型用来强调时间。

En chino, hay varias expresiones para enfatizar el modo de hablar, la construcción “是……的” es una de ellas. Esta construcción, en el caso del texto, sirve para enfatizar el tiempo.

你昨天是什么时候到家的?

她女儿是什么时候出生的?

A：你是哪年出生的?

B：我是 2012 年出生的。

A：你是哪年来阿根廷的?

B：我是 1988 年来阿根廷的。

A：你是什么时候开始学习汉语的?

B：我是 2020 年开始学习汉语的。

3. 用“什么时间”“什么时候”提问的疑问句　Oraciones interrogativas formadas con “什么时间”,“什么时候”

A：你们什么时候开学?　　¿Cuándo comenzarán el nuevo semestre?

B：我们九月一号开学。　　El primero de septiembre comenzamos la clase.

A：他们什么时候上课?　　¿Cuándo toman clase ellos?

B：他们八点上课。　　Ellos comienzan la clase a las ocho.

A：飞机什么时间到达?　　¿A qué hora llega el avión?

B：飞机9：20到达。　　El avión llega a las 9:20.

三、汉西对比 Comparación

时间表达方式的差异

汉语和西班牙语在时间表达方式上不完全相同。西班牙语中超过整点30分钟的时间，一般用离下一个整点差几分来表示，如“十二点差二十五分”。而汉语是按照时、分、秒的次序来表示的，如上面提到的时间一般说成“十一点三十五分”。

汉语中只有离整点差得不多时才用“差几分”表示，如：差一刻十一点、差五分十二点。汉语中用来表示时间的“点”和“小时”不一样：“点”表示时点，如“现在八点二十分”；“小时”表示时段，如“他每天工作八小时”。上述两个句子中的“点”和“小时”不能相互替换，不能说“现在八小时”，也不能说“他每天工作八点”。但这两个词在西班牙语中都用“hora(s)”一个词表示。

Diferencia de las expresiones temporales

Las expresiones temporales en chino son algo diferentes en español. En español, se dice hora menos minutos. Ej.: doce horas menos 25 minutos, y en chino se suele decir once horas, treinta y cinco minutos, según el orden de hora, minuto y segundo. Sólo se dice horas menos minutos cuando faltan pocos minutos para una cierta hora. Ej.: 11 horas menos cuarto, 12 horas menos 5 minutos.

En las expresiones temporales, 点 y 小时 no significan lo mismo, pues la primera indica la unidad de hora (Ahora son las ocho horas y veinte minutos), caso en que se usa también 时 para sustituir 点 en el lenguaje escrito, y la segunda expresa la cantidad dc horas (Él trabaja ocho horas cada día). En los dos ejemplos, “点” y “小时” no pueden sustituirse el uno al otro, o sea, no puede decir “Ahora son las ocho 小时”, tampoco puede decir “Él trabaja ocho 点 cada día”. En español, la palabra hora(s) sirve para todos los casos arriba indicados.

四、汉字的偏旁 Radicales de los caracteres chinos

“灬”：火字底 Radical “fuego” abajo

Pinyin	Significado	Carácter
diǎn	encender	点
jié	eminente	杰
zhǔ	cocer	煮
zhào	iluminar	照
rè	caliente	热
zhēng	vapor	蒸
shú	cocido	熟

五、练习 Ejercicios

1. 语音练习 Ejercicios fonéticos

（1）古诗朗诵 Recite el siguiente poema clásico 12-8

fù dé gǔ yuán cǎo sòng bié (jié xuǎn)
赋得古原草送别（节选）

[táng] bái jū yì
［唐］白居易

lí lí yuán shàng cǎo
离离原上草，

yī suì yī kū róng
一岁一枯荣。

yě huǒ shāo bù jìn
野火烧不尽，

chūn fēng chuī yòu shēng
春风吹又生。

（2）熟读并背诵下列表示时段的词语 Lea y memorice las siguientes expresiones temporales usuales

一年	yì nián	un año
半年	bàn nián	medio año
一个月	yí gè yuè	un mes
八个月	bā gè yuè	ocho meses
两个半月	liǎng gè bàn yuè	dos meses y medio
一个星期	yí gè xīngqī	una semana
一天	yì tiān	un día
十五个小时	shíwǔ gè xiǎoshí	15 horas

一刻钟	yí kè zhōng	un cuarto de hora
五分钟	wǔ fēnzhōng	cinco minutos
二十秒	èrshí miǎo	20 segundos
一小时二十分十五秒	yì xiǎoshí èrshí fēn shíwǔ miǎo	
	una hora 20 minutos 15 segundos	

2. 看图回答问题　Conteste a las siguientes preguntas según el dibujo

甲：请问，现在几点？

乙：现在<u>1 点</u>。

（1）<u>1 点</u>

（2）________

（3）________

（4）________

（5）________

（6）________

（7）________

（8）________

（9）________

（10）________

（11）________

（12）________

（13）________

（14）________

（15）________

（16）________

（17）________

（18）________

（19）________

（20）________

（21）________

3. 替换练习　Ejercicios de sustitución

（1） A：邮局几点 / 什么时候 / 什么时间开门（kāi//mén, abrir）？

B：邮局 9:00 开门。

邮局	yóujú	oficina de correo	9:00
超市	chāoshì	supermercado	8:45
饭馆	fànguǎn	restaurante	10:30
医院	yīyuàn	hospital	7:10

（2） A：书店几点 / 什么时候关门（guān//mén, cerrar）？

B：书店 8:30 关门。

书店	shūdiàn	librería	8:30
药店	yàodiàn	farmacia	10:05
肉店	ròudiàn	carnicería	6:55
点心店	diǎnxindiàn	pastelería	6:00
比萨饼店	bǐsàbǐngdiàn	pizzería	8:30

（3） 电影 5:45 开演（kāiyǎn, empezar）。

电影	diànyǐng	película	5:45
芭蕾舞	bālěiwǔ	ballet	3:47
歌剧	gējù	ópera	2:15
话剧	huàjù	teatro	7:30
京剧	jīngjù	ópera de Beijing	9:57
木偶戏	mù'ǒuxì	teatro de marionetas	5:45

4. 用“分”“点”填空　Rellene los espacios con “分”, “点”

（1）现在是十一__________五十__________。

（2）A：飞机什么时候起飞（qǐfēi, despegar）？

B：飞机九__________二十__________起飞，十二__________三十__________降落（jiàngluò, aterrizar）。

（3）A：火车什么时候出站（chū zhàn, partir）？

B：火车十五__________十__________出站。

（4）A：轮船什么时候起锚（qǐ//máo, zarpar）？

B：轮船十七__________整起锚，第二天上午六__________抛锚（pāo//máo, anclar）。

5. 回答问题　Responda a las siguientes preguntas

（1）A：你昨天是几点睡觉的？

B：______________________。

（2）A：______________？

B：我是2003年12月1日出生的。

（3）A：你是什么时候开始学习汉语的？

B：______________________。

（4）A：昨天上午你是几点下课的？

B：______________________。

6. 选择一位同学进行采访，并说一说他／她每天的时间安排　Cuente el horario de sus compañeros chinos según el siguiente cuadro

校园生活　La vida en la escuela

凌晨 madrugada	5:00 左右	起床 levantarse
黎明 amanecer	5:30 左右	晨练 hacer ejercicio físico matutino 太极拳 Tai Chi 功夫 Kung-fu 太极剑 Tai Chi con espada 武术 Wushu
早上 primeras horas de la mañana	6:00—7:00	早饭／早点 desayuno 早读 estudio matinal
上午 por la mañana	8:00—12:00	上课 tomar clases
中午 al mediodía	12:00—14:00	午饭 almuerzo 午休 echar la siesta

（续表）

下午 por la tarde	14:00-18:00	加餐 merienda 课外活动 hacer actividades extraescolares
傍晚 al anochecer	18:00—19:30	晚饭 cena 散步 pasear
晚上 por la noche	20:30—23:00	做作业 hacer los deberes 看电视 ver la televisión 上网 navegar por Internet 夜宵 comida de medianoche
午夜 a la medianoche	24:00	睡觉 acostarse

7. 命题作文 Escriba un artículo con el título dado

以《我的朋友》或《我的家人》为题写一篇作文。

（1）书写要求：全部用汉字书写，书写要清楚工整，标点符号要正确

（2）字数要求：至少 100 字

（3）体裁：记叙文

Escriba un artículo con el título 我的朋友 o 我的家人：

(1) Requisitos de redacción: escriba todo el artículo con caracteres chinos. La escritura debe ser clara y ordenada. Preste atención a la puntuación.

(2) Requisito de extensión: mínimo 100 caracteres.

(3) Género: narrativa

六、汉西对照阅读 Lea los siguientes textos chino-español

智者千虑，必有一失；愚者千虑，必有一得。
Zhìzhě qiān lǜ, bì yǒu yì shī; yúzhě qiān lǜ, bì yǒu yì dé.

De mil palabras que diga el sabio, una puede ser errónea. De mil palabras que diga el tonto, una puede ser verdad.

福如东海，寿比南山。
Fúrúdōnghǎi, shòubǐnánshān.

(Este es un augurio de cumpleaños que con frecuencia aparece en las porcelanas de las dinastías Ming y Qing.)

Que tu felicidad sea tan profunda como el mar del Este y que vivas tanto como las montañas del Sur.

附录一　总词汇表
Apéndice I　Glosario

A

爱	（动）	ài	amar	10

B

爸爸	（名）	bàba	papá	7
吧	（语助）	ba	partícula	10
半	（数）	bàn	medio, media	12
宝宝	（名）	bǎobao	bebé	9
别	（副）	bié	no	10
不错	（形）	búcuò	bueno	7
不幸	（形）	búxìng	infeliz, desgraciado	7
部	（量）	bù	clasificador	11

C

差	（形）	chà	malo	7
差	（动）	chà	faltar	12
称呼	（动）	chēnghu	llamar(se)	8
吃	（动）	chī	comer	12
迟到	（动）	chídào	tardar, llegar tarde	12

出发	（动）	chūfā	partir	12
出生	（动）	chūshēng	nacer	12
初	（前缀）	chū	los primeros diez días del mes del calendario lunar	9
错儿	（名）	cuòr	falta, culpa	10

D

打电话		dǎ diànhuà	hacer una llamada	11
打算	（动）	dǎsuàn	planear	12
大	（形）	dà	grande	9
大概	（副）	dàgài	probablemente	10
大后天	（名）	dàhòutiān	tres días después	9
大家	（代）	dàjiā	todos	8
大前天	（名）	dàqiántiān	tres días antes	9
当然	（副）	dāngrán	claro, naturalmente	10
导航	（动）	dǎoháng	navegador	11
到	（动）	dào	llegar	12
的	（结助）	de	partícula estructural	7
点	（量）	diǎn	hora	12
电话	（名）	diànhuà	teléfono	11
电脑	（名）	diànnǎo	computadora, ordenador	11
电影	（名）	diànyǐng	película	11
订	（动）	dìng	reservar	11
都	（副）	dōu	todo	8

对话	（名）	duìhuà	diálogo	10
对	（量）	duì	un par, una pareja	10
多	（代）	duō	mucho	9
多长		duō cháng	cuánto tiempo	12
多大		duō dà	cuánto	9

F

放假		fàng//jià	comenzar vacaciones escolares	12
分手		fēn//shǒu	romperse, terminar una relación amorosa	10
分（钟）	（量）	fēn (zhōng)	minuto	12

G

高兴	（形）	gāoxìng	alegre, contento	7
个	（量）	gè	clasificador	9
跟	（介）	gēn	con	10
工人	（名）	gōngrén	trabajador, ra	10
工作	（名）	gōngzuò	trabajo	7
功能	（名）	gōngnéng	función	11
购物	（动）	gòuwù	comprar	11
贵	（形）	guì	caro	11
贵姓	（名）	guìxìng	apellido	8
国产	（形）	guóchǎn	de fabricación nacional	11
国（家）	（名）	guó (jiā)	país	8

过	（动）	guò	pasar	12

H

还	（副）	hái	aún, todavía	7
寒假	（名）	hánjià	las vacaciones de invierno	12
汉语	（名）	Hànyǔ	idioma chino	8
好玩儿	（形）	hǎowánr	divertido	7
号	（量）	hào	día	9
很	（副）	hěn	muy	7
后天	（名）	hòutiān	pasado mañana	9

J

几	（代）	jǐ	cuánto	9
家	（名）	jiā	casa, familia	7
家庭	（名）	jiātíng	familia	7
见面		jiàn//miàn	encontrarse, verse	12
叫	（动）	jiào	llamarse	7
节日	（名）	jiérì	fiesta	9
结婚		jié//hūn	casarse	9
结婚纪念日		jiéhūn jìniànrì	aniversario de boda	9
介绍	（动）	jièshào	presentar(se)	8
今年	（名）	jīnnián	este año	9
今天	（名）	jīntiān	hoy	9
进口	（动）	jìnkǒu	importación	11

经理	（名）	jīnglǐ	gerente	8

K

开学		kāi//xué	iniciar el nuevo semestre	12
看	（动）	kàn	ver	11
可以	（形）	kěyǐ	regular	7
可以	（能愿动词）	kěyǐ	poder	11
刻	（量）	kè	un cuarto	12

L

老师	（名）	lǎoshī	profesor, ra	7
老式	（形）	lǎoshì	pasado de moda	11
俩		liǎ	dos	10
恋人	（名）	liànrén	persona enamorada, novia y novio	10
聊天儿		liáo//tiānr	charlar	11
凌晨	（名）	língchén	temprano en la mañana	12

M

妈妈	（名）	māma	mamá	7
马马虎虎	（形）	mǎmǎhūhū	regular, así así	7
吗	（语助）	ma	partícula interrogativa	7
买	（动）	mǎi	comprar	11
每	（代）	měi	cada	12
秒	（量）	miǎo	segundo (referido a tiempo)	12

名字	（名）	míngzi	nombre	8
明年	（名）	míngnián	el año que viene	9
明天	（名）	míngtiān	mañana	9

N

那	（代）	nà	ese, esa, eso	11
那么	（连）	nàme	entonces	10
奶奶	（名）	nǎinai	abuela paterna	7
男朋友	（名）	nánpéngyou	novio	10
呢	（语助）	ne	partícula modal	7
能	（能愿动词）	néng	poder	11
能够	（能愿动词）	nénggòu	poder	11
年	（名）	nián	año	9
年纪	（名）	niánjì	años, edad	9
年龄	（名）	niánlíng	edad, años	9
农历	（名）	nónglì	calendario lunar	9
女士	（名）	nǚshì	señora	7

P

朋友	（名）	péngyou	amigo	10
便宜	（形）	piányi	barato	11
票	（名）	piào	billete	11

Q

前天	（名）	qiántiān	anteayer	9

请	（动）	qǐng	por favor	8
去年	（名）	qùnián	el año pasado	9

R

认识	（动）	rènshi	conocer	7
日期	（名）	rìqī	fecha	9

S

上班		shàng//bān	empezar a trabajar	12
上课		shàng//kè	empezar la clase	12
上网		shàng//wǎng	navegar por internet	11
上午	（名）	shàngwǔ	(por la) mañana	12
谁	（代）	shéi	quién	10
身体	（名）	shēntǐ	cuerpo, salud	7
什么	（代）	shénme	qué	8
时候	（名）	shíhou	tiempo	12
收入	（名）	shōurù	ingresos	7
手机	（名）	shǒujī	móvil, celular	11
暑假	（名）	shǔjià	las vacaciones de verano	12
睡觉		shuì//jiào	dormir	12
岁	（量）	suì	año (de edad)	9

T

她	（代）	tā	ella	7
他们	（代）	tāmen	ellos	7

台	（量）	tái	clasificator	11
太	（副）	tài	tan	7
特别	（副）	tèbié	particularmente, especialmente	7
听	（动）	tīng	escuchar	11
通常	（副）	tōngcháng	generalmente	12
同学	（名）	tóngxué	compañero de estudios	8

W

晚	（形）	wǎn	tarde	12
晚上	（名）	wǎnshang	noche	12
网	（名）	wǎng	red, internet	11
为什么		wèi shénme	por qué	10
胃口	（名）	wèikǒu	apetito	7
我	（代）	wǒ	yo	7
午饭	（名）	wǔfàn	almuerzo	12

X

喜欢	（动）	xǐhuan	gustarle a alguien	10
下班		xià//bān	salir del terminar de trabajar	12
下课		xià//kè	terminar la clase	12
下午	（名）	xiàwǔ	(por la) tarde	12
先	（副）	xiān	primero	8
先生	（名）	xiānsheng	señor	7

现在	（名）	xiànzài	ahora	9
想	（动）	xiǎng	pensar	10
小	（形）	xiǎo	pequeño	7
小狗	（名）	xiǎogǒu	perro	7
小时	（名）	xiǎoshí	hora	12
谢谢	（动）	xièxie	gracias	7
新式	（形）	xīnshì	nuevo tipo	11
幸福	（形）	xìngfú	feliz	7
姓	（动）	xìng	apellido	8
学期	（名）	xuéqī	semestre	12
学习	（动）	xuéxí	estudiar	7

Y

爷爷	（名）	yéye	abuelo paterno	7
也	（副）	yě	también	7
医生	（名）	yīshēng	médico, ca, doctor, ra	10
一下		yíxià	clasificador	8
已经	（副）	yǐjīng	ya	12
一般	（形）	yìbān	generalmente	12
因为	（连）	yīnwèi	porque	11
音乐	（名）	yīnyuè	música	11
用	（动）	yòng	usar	11
游戏	（名）	yóuxì	juego	11
有时	（副）	yǒushí	a veces	12

缘分	（名）	yuánfèn	destino, karma	10
月份	（名）	yuèfèn	mes	9

Z

在	（动）	zài	estar	8
咱们	（代）	zánmen	nosotros (dos)	10
早	（形）	zǎo	temprano	12
怎么	（代）	zěnme	cómo	8
怎么样	（代）	zěnmeyàng	cómo está, qué tal	7
这	（代）	zhè	este, esta, esto	11
这么	（代）	zhème	así	10
真	（副）	zhēn	muy, verdaderamente, realmente	7
整	（形）	zhěng	en punto	12
只	（副）	zhǐ	solamente	10
智能	（形）	zhìnéng	inteligente, smart	11
自我	（代）	zìwǒ	auto, sí mismo	8
昨天	（名）	zuótiān	ayer	9
坐	（动）	zuò	sentarse	8

附录二　专有名词表
Apéndice II　Nombre propio

A

艾娃	Àiwá	Eva	8

B

北京	Běijīng	Pekín	8
秘鲁	Bìlǔ	Perú	8
波哥大	Bōgēdà	Bogotá	8
波兰	Bōlán	Polonia	8

C

春节	Chūnjié	Fiesta de la Primavera, Año Nuevo Chino	9

D

端午节	Duānwǔ Jié	Fiesta de Duanwu	9

F

法国	Fǎguó	Francia	8

G

哥伦比亚	Gēlúnbǐyà	Colombia	8

古巴	Gǔbā	Cuba	8
广州	Guǎngzhōu	Guangzhou	8

H

哈瓦那	Hāwǎnà	La Habana	8
哈维尔	Hāwéi'ěr	Javier	8
何塞	Hésài	José	8

K

卡门	Kǎmén	Carmen	8

L

劳尔	Láo'ěr	Raúl	8
李明	Lǐ Míng	Li Ming	8
利马	Lìmǎ	Lima	8
路易斯	Lùyìsī	Luis	8
罗马	Luómǎ	Roma	8

M

马德里	Mǎdélǐ	Madrid	8
马里奥	Mǎlǐ'ào	Mario	8
米尔塔	Mǐ'ěrtǎ	Milta	8
米歇尔	Mǐxiē'ěr	Michel	8
母亲节	Mǔqīn Jié	Día de la Madre	9

Q

情人节	Qíngrén Jié	Día de los Enamorados	9

S

萨拉	Sàlā	Sara	8
圣诞节	Shèngdàn Jié	Navidad	9
圣地亚哥	Shèngdìyàgē	Santiago	8

W

王朋	Wáng Péng	Wang Peng	8
乌拉圭	Wūlāguī	Uruguay	8

X

西班牙	Xībānyá	España	8
徐可	Xú Kě	Xu Ke	8
许放	Xǔ Fàng	Xu Fang	8

Y

意大利	Yìdàlì	Italia	8

Z

中秋节	Zhōngqiū Jié	Fiesta del Medio Otoño (15 de agosto lunar)	9
智利	Zhìlì	Chile	8

附录三　新百家姓
Apéndice III　Nueva versión de los cien apellidos de los chinos

李 Lǐ	王 Wáng	张 Zhāng	刘 Liú	陈 Chén	杨 Yáng	赵 Zhào	黄 Huáng	周 Zhōu	吴 Wú
徐 Xú	孙 Sūn	胡 Hú	朱 Zhū	高 Gāo	林 Lín	何 Hé	郭 Guō	马 Mǎ	罗 Luó
梁 Liáng	宋 Sòng	郑 Zhèng	解 Xiè	韩 Hán	唐 Táng	冯 Féng	于 Yú	董 Dǒng	萧 Xiāo
程 Chéng	曹 Cáo	袁 Yuán	邓 Dèng	许 Xǔ	傅 Fù	沈 Shěn	曾 Zēng	彭 Péng	吕 Lǚ
苏 Sū	卢 Lú	蒋 Jiǎng	蔡 Cài	贾 Jiǎ	丁 Dīng	魏 Wèi	薛 Xuē	叶 Yè	阎 Yán
余 Yú	潘 Pān	杜 Dù	戴 Dài	夏 Xià	钟 Zhōng	汪 Wāng	田 Tián	任 Rén	姜 Jiāng
范 Fàn	方 Fāng	石 Shí	姚 Yáo	谭 Tán	廖 Liào	邹 Zōu	熊 Xióng	金 Jīn	陆 Lù
郝 Hǎo	孔 Kǒng	白 Bái	崔 Cuī	康 Kāng	毛 Máo	邱 Qiū	秦 Qín	江 Jiāng	史 Shǐ
顾 Gù	侯 Hóu	邵 Shào	孟 Mèng	龙 Lóng	万 Wàn	段 Duàn	雷 Léi	钱 Qián	汤 Tāng
尹 Yǐn	黎 Lí	易 Yì	常 Cháng	武 Wǔ	乔 Qiáo	贺 Hè	赖 Lài	龚 Gōng	文 Wén

附录四　汉字笔画名称表
Apéndice IV　Denominación de los trazos de los caracteres

一、基本笔画：一（横）、丨（竖）、丿（撇）、丶（点）、㇕（折）

二、变形笔画：

笔　形	名　称	例　字	笔　形	名　称	例　字
㇀	提	刁　红	㇆	横折钩	幻　月
㇏	捺	人　木	㇙	竖提	长　以
㇕	横折	尺　马	㇚	竖钩	丁　小
⺄	横斜钩	飞　气	㇉	竖折折钩	与　弓
㇇	横撇	又　水	㇗	竖折	山　母
㇈	横折弯钩	亿　九	㇄	竖弯	西　四
㇖	横钩	买　皮	㇟	竖弯钩	礼　已
㇌	横撇弯钩	阵　都	ㄣ	竖折撇	专
㇅	横折折	凹	㇞	竖折折	鼎
㇎	横折折折	凸	㇛	撇点	女　巡
㇍	横折弯	朵　没	㇜	撇折	台　么
㇋	横折折撇	建　及	㇂	斜钩	戏　式
㇊	横折提	计	㇁	弯钩	狂　家
㇡	横折折折钩	仍　场	㇃	卧钩	心　必

附录五　中国历史纪年表
Apéndice V　Cronología de la historia china

<table>
<tr><th colspan="3">朝代</th><th>起止时间</th></tr>
<tr><td colspan="3">五帝</td><td>约前 30 世纪初—约前 21 世纪初</td></tr>
<tr><td colspan="3">夏</td><td>约前 2070 年—前 1600 年</td></tr>
<tr><td colspan="3">商</td><td>前 1600 年—前 1046 年</td></tr>
<tr><td rowspan="3">周</td><td colspan="2">西周</td><td>前 1046 年—前 771 年</td></tr>
<tr><td rowspan="2">东周①
前 770 年—前 256 年</td><td>春秋时期</td><td>前 770 年—前 476 年</td></tr>
<tr><td>战国时期</td><td>前 475 年—前 221 年</td></tr>
<tr><td colspan="3">秦</td><td>前 221 年—前 206 年</td></tr>
<tr><td rowspan="2">汉</td><td colspan="2">西汉②</td><td>前 206 年—公元 25 年</td></tr>
<tr><td colspan="2">东汉</td><td>25 年—220 年</td></tr>
<tr><td rowspan="3">三国</td><td colspan="2">魏</td><td>220 年—265 年</td></tr>
<tr><td colspan="2">蜀汉</td><td>221 年—263 年</td></tr>
<tr><td colspan="2">吴</td><td>222 年—280 年</td></tr>
<tr><td rowspan="2">晋</td><td colspan="2">西晋</td><td>265 年—317 年</td></tr>
<tr><td colspan="2">东晋</td><td>317 年—420 年</td></tr>
</table>

（续表）

南北朝	南朝	宋	420年—479年
		齐	479年—502年
		梁	502年—557年
		陈	557年—589年
	北朝	北魏	386年—534年
		东魏	534年—550年
		北齐	550年—577年
		西魏	535年—556年
		北周	557年—581年
隋			581年—618年
唐			618年—907年
五代	后梁		907年—923年
	后唐		923年—936年
	后晋		936年—947年
	后汉		947年—950年
	后周		951年—960年
宋	北宋		960年—1127年
	南宋		1127年—1279年
辽[3]			907年—1125年
西夏			1038年—1227年
金			1115年—1234年
元[4]			1206年—1368年

（续表）

明	1368年—1644年
清⑤	1616年—1911年
中华民国	1912年——1949年
中华人民共和国	1949年10月1日成立

注：

①东周又分为春秋和战国两个时期。

②西汉时期包括王莽建立的“新”王朝（公元9年—23年）和更始帝（公元23年—25年）。

③辽建国于907年，国号契丹，916年始建年号，938年（一说947年）改国号为辽，938年重称契丹，1066年仍称辽。

④ 1206年铁木真建国，1271年忽必烈定国号为元，1279年灭南宋。

⑤ 1616年努尔哈赤统一女真各部，建立政权。1636年皇太极改国号为清。1644年福临入关。

附录六　中国民歌选段
Apéndice VI　Fragmento de coplas chinas

茉莉花

江苏民歌
清末民初小调
沈武钧配伴奏

好 一朵茉 莉 花， 好 一朵茉 莉 花，
活泼地
mp
8va
茉 莉 花， 开 雪 也 白 不过它； 我 有 心
m.s.
采 一 朵戴， 又 怕 旁 人 笑 话。
m.s.
m.d.
leggiero
生动、活跃地
好 一朵茉 莉 花，
poco rit.
mf
p

好一朵茉莉花，满园花开比也比不过
它；我有心采一朵戴，又怕来年
meno mosso
poco rit.
不发芽。我有心采一朵戴，又怕
dim.
pp
a tempo
rit.
来年不发芽。
tempo I
p
tranquillo
rit.
ppp

在那遥远的地方

哈萨克民歌
王洛宾改编

目录

第一课　语音与汉字（1）

一、朗读下列四个声调的单韵母。
Lea en voz alta las siguientes vocales prestando atención a los diferentes tonos.

a				o				e			
ā	á	ǎ	à	ō	ó	ǒ	ò	ē	é	ě	è
i				u				ü			
ī	í	ǐ	ì	ū	ú	ǔ	ù	ǖ	ǘ	ǚ	ǜ

二、辨音练习。

Lea las siguientes sílabas prestando atención a las consonantes.

bà——pà　　dà——tà　　bō——pō　　dé——tè

nǚ——lǚ　　mù——mò　　fā——fú　　lǐ——dǐ

dù——tù　　fó——mó　　ná——lā

三、朗读下列音节。

Lea las siguientes sílabas en voz alta.

bàba　　pópo　　dìdi　　fādá

lǜde　　nǚlì　　māma　　āyí

fúwù　　nǚde　　lǐwù　　dǎpò

四、朗读下列音节，注意音节中的声调和轻声。
Lea las siguientes sílabas en voz alta, prestando atención al tono y al tono neutro en las sílabas.

wǒ de āyí　　nǐ ne　　bú dà　　è le

nàlǐ　　māma de dìdi　　bàba de dìdi　　cíyǔ

Nīni de dìdi　　Lùlu de pópo　　Lìli de māma
Pípi de māma　　bóbo de bàba

五、跟老师唱读汉字的笔画。

Lea los trazos de los siguientes caracteres siguiendo al profesor.

一　十　干　个　人　术　江

六、数数下列汉字的笔画数。

Cuente el número de trazos de los siguientes caracteres.

三：______画　　八：______画

川：______画　　羊：______画

好：______画　　你：______画

老：______画　　师：______画

七、按照正确的笔顺书写汉字。

Escriba los siguientes caracteres según la secuencia correcta.

yī	
一	一

shí	
十	一 十

bù	
不	一 丆 ⿻丆丨 不

mǎ	
马	㇆ 马 马

gè

个　丿　人　个

nǐ

你　丿　亻　亻丿　亻𠂊　仢　伱　你

hǎo

好　ㄑ　𡚨　女　女乛　好　好

第二课　语音与汉字（2）

一、朗读下列四个声调的复韵母。

Lea en voz alta los siguientes grupos vocálicos prestando atención a los diferentes tonos.

ai				ao				ei			
āi	ái	ǎi	ài	āo	áo	ǎo	ào	ēi	éi	ěi	èi
ou				ua				üe			
ōu	óu	ǒu	òu	uā	uá	uǎ	uà	üē	üé	üě	üè
an				ong				ing			
ān	án	ǎn	àn	ōng	óng	ǒng	òng	īng	íng	ǐng	ìng

二、辨音练习。

Lea las siguientes sílabas prestando atención a las consonantes.

bài——pài　　gǎo——kǎo　　gòu——kòu

gā——kā　　jiā——qiā——xiā　　gěi——lèi——děi

liú——niú——diū　　niǎo——xiǎo　　duì——huì——guì

guài——kuài——huài　　hóng——xióng　　lóng——nóng

jiǎng——jiǎn——jǐn　　yuán——yún　　qún——qióng

三、朗读下列音节。

Lea las siguientes sílabas en voz alta.

nǐ hǎo　　wǒmen　　bú tài máng　　zàijiàn　　xièxie

bú kèqi　　hēibǎn　　kāfēi　　gāoxìng　　gānjìng

huāduǒ　　yuèliang　　xuéxiào　　jiātíng　　nǎinai

gǎi le——gěi le　　qìwèi——qùwèi　　hánlù——hánglù

láofáng——lóufáng　　pìnqǐng——pǐnxíng　　qiántou——quántou

四、跟老师朗读并听写下列音节。

Lea siguiendo al profesor las siguientes sílabas y escríbalas.

yī	sān	shí	wǔ	jiǔ	èr	sì
gāo	bái	hēi	miáo	húlupiáo	kěkǒu	
kělè	jiǔ	bā	qī	wán	wǎngluò	
huì	gēn	píjuàn	huǒbàn	xiě	guójiā	
àihào	fángjiān	jiějie	jīntiān	tóngxué	kèběn	

五、跟老师唱读汉字的笔画。

Lea los trazos de los siguientes caracteres siguiendo al profesor.

汉　四　你　好　写　九　客　气

六、数数下列汉字的笔画数。

Cuente el número de trazos de los siguientes caracteres.

井：______画　　从：______画

左：______画　　右：______画

上：______画　　下：______画

口：______画

七、按照正确的笔顺书写汉字。

Escriba los siguientes caracteres según la secuencia correcta.

sì

四

wǔ	
五	一 丆 五 五

liù	
六	丶 亠 六 六

qī	
七	一 七

bā	
八	丿 八

jiǔ	
九	丿 九

shí	
十	一 十

rén	
人	丿 人

kè	
客	丶 丷 宀 宀 宊 安 客 客 客

qì	
气	丿 𠂉 乍 气

第三课 语音与汉字（3）

一、朗读下列四个声调的音节。

Lea en voz alta las siguientes sílabas prestando atención a los diferentes tonos.

zan				zhao				cun			
zān	zán	zǎn	zàn	zhāo	zháo	zhǎo	zhào	cūn	cún	cǔn	cùn
cheng				sui				shou			
chēng	chéng	chěng	chèng	suī	suí	suǐ	suì	shōu	shóu	shǒu	shòu
rang				chou				shì			
rāng	ráng	rǎng	ràng	chōu	chóu	chǒu	chòu	shī	shí	shǐ	shì

二、辨音练习。

Lea las siguientes sílabas prestando atención a las consonantes.

zài——zhài　　suō——shuō　　lè——rè

cūnzi——chūntiān　　zǐxì——zhǐshì　　xīguā——sīguā

zájì——zázhì　　rùkǒu——lùkǒu　　shāohuǐ——xiāohuǐ

chuánpiào——quánpiào　　qíngxù——chéngxù　　jiǔxí——jiǔshí

三、朗读下列音节。

Lea las siguientes sílabas en voz alta.

lǎoshī　　xuéshēng　　zǎoshang　　zhōngwǔ

wǎnshang　　Zhōngguó　　diànshìjī　　sùshè

shuǐguǒ　　shēngrì　　chāoshì　　rènao

rénqún　　zìrán　　lièzhì　　Sìchuān

cúnzài　　céngjīng　　zhèngzài　　jīròu

四、根据拼音朗读下列数字，并写出相应的阿拉伯数字。

Lea los siguientes números en voz alta según el pinyin y escriba los números arábigos correspondientes.

èrshíyī	èrshí'èr	èrshísān	èrshísì	èrshíwǔ	èrshíliù
______	______	______	______	______	______
sānshí	sānshíqī	sānshíbā	sānshíjiǔ	sìshí	shíwǔ
______	______	______	______	______	______
liùshí	jiǔshíqī	yìbǎi	yìqiān	yíwàn	
______	______	______	______	______	

五、跟老师朗读并听写下列数字。

Lea siguiendo al profesor los siguientes números y escríbalos.

十一　十二　十三　十四　十五　十六　十七　十八　十九

二十　三十　四十　五十　六十　七十　八十　九十　一百

五百　一千　三千　一万

六、跟老师唱读汉字的笔画。

Lea los trazos de los siguientes caracteres siguiendo al profesor.

入　人　八　从　众　大　天　夫

七、数数下列汉字的笔画数。

Cuente el número de trazos de los siguientes caracteres.

木：______画　　本：______画

未：______画　　末：______画

来：______画　　禾：______画

朱：______画

八、按照正确的笔顺书写汉字。

Escriba los siguientes caracteres según la secuencia correcta.

zǎo 早	丨 冂 冃 日 旦 早
wǎn 晚	丨 冂 冃 日 日′ 日⺈ 日⺈ 昈 晗 晚 晚
shàng 上	丨 卜 上
ān 安	丶 ⺍ 宀 宄 安 安

第四课　语音与汉字（4）

一、朗读下列音节。

Lea las siguientes sílabas en voz alta.

shí'èr	érzi	nǚ'ér	èrshíjiǔ
ěrduo	érqiě	yú'ěr	shùn'ěr

二、朗读下列儿化音节。

Lea en voz alta las siguientes sílabas con la vocal retroflexa "er".

nǎr	nàr	dòur	huār	pàor
niǎor	hóur	gēr	huàr	gàir
dòuyár	pínggàir	lǎobèir	gēmenr	xiǎotōur
liǎndànr	bǐjiānr	hǎowánr	bīnggùnr	xiàohuar

三、跟老师大声朗读下列音节。

Lea las siguientes sílabas en voz alta siguiendo al profesor.

jiān ⟶ jiānr

huó ⟶ huór

yǎn ⟶ yǎnr

huà ⟶ huàr

gài ⟶ gàir

tóu ⟶ tóur

pòlàn ⟶ pòlànr

四、跟老师朗读下列词语并写出拼音。

Lea las siguientes palabras siguiendo al profesor y escriba su pinyin.

盖儿__________ 头儿__________ 眼儿__________

信儿__________ 老头儿__________ 窍门儿__________

大伙儿__________ 解闷儿__________ 小名儿__________

五、跟老师朗读下列词语并写出拼音。

Lea siguiendo al profesor las siguientes palabras y escriba su pinyin.

名额__________ 西安__________ 皮袄__________ 余额__________

延安__________ 平安__________ 天安门__________ 黑暗__________

莲藕__________ 海鸥__________ 东欧__________ 嫦娥__________

地安门__________ 天鹅__________

六、唱读汉字的笔画。

Lea los trazos de los siguientes caracteres.

劳 驾 意 思 打 扰

七、数数下列汉字的笔画数。

Cuente el número de trazos de los siguientes caracteres.

木：______画 尖：______画

林：______画 门：______画

森：______画 曲：______画

禾：______画 米：______画

面：______画 画：______画

八、指出下列汉字的笔顺。

Señale la secuencia de los trazos de los siguientes caracteres.

化　华　花　草　苗　茉　莉　们　女　子

九、按照正确的笔顺书写汉字。

Escriba los siguientes caracteres según la secuencia correcta.

yì 意

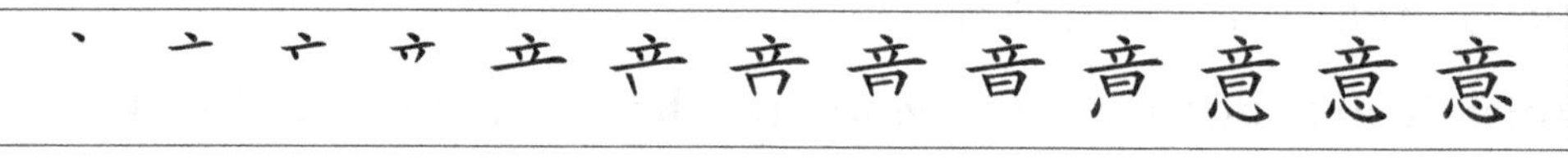

sī 思

má 麻

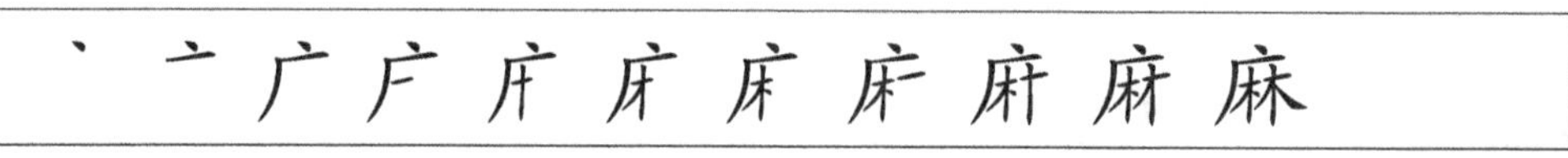

fán 烦

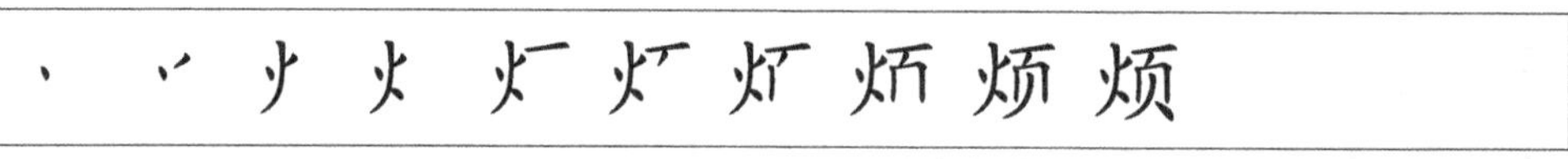

hàn 汉

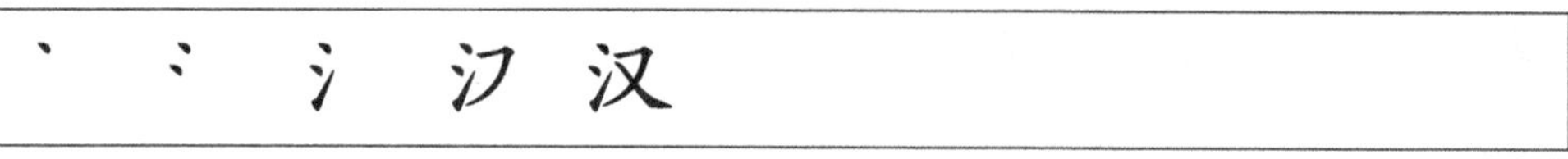

píng 平

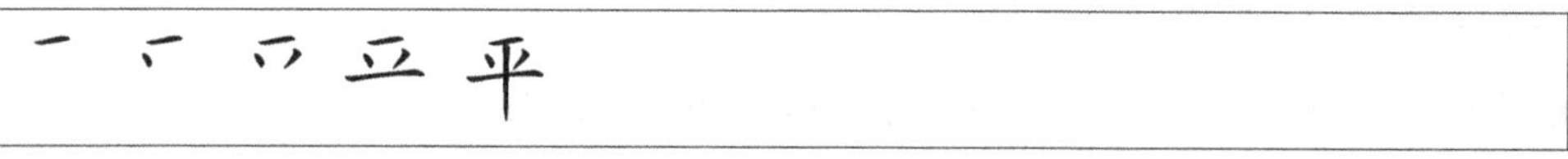

yǔ 语

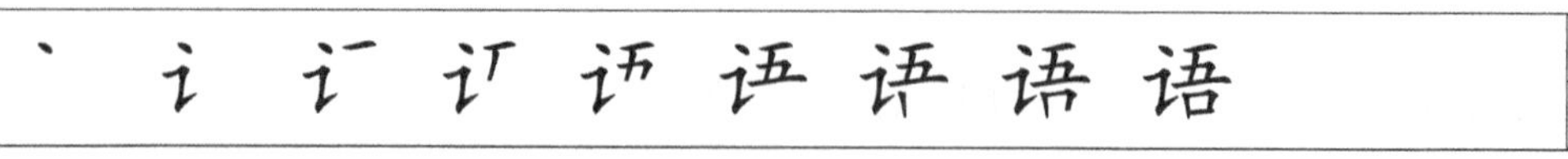

第五课　语音与汉字（5）

一、朗读下列词语并抄写拼音。

Lea las siguientes palabras en voz alta y copie el pinyin.

1.带轻声的词重音一般在第一个音节上。

El acento de las palabras con tono neutro suele caer en la primera sílaba.

东西	dōngxi	时候	shíhou
星星	xīngxing	喜欢	xǐhuan
地方	dìfang	桌子	zhuōzi
杯子	bēizi	盘子	pánzi
瓶子	píngzi	鼻子	bízi
斧头	fǔtou	木头	mùtou
石头	shítou	路上	lùshang
车上	chē shang	晚上	wǎnshang
地上	dìshang	朋友们	péngyoumen
学生们	xuéshēngmen	老师们	lǎoshīmen

2.三音节词单念时，重音一般在最后一个音节上。

Las palabras trisilábicas, cuando forman por sí solas una palabra, el acento suele caer en la última sílaba.

现代舞	广场舞	古典舞
xiàndàiwǔ	guǎngchǎngwǔ	gǔdiǎnwǔ
橄榄球	曲棍球	乒乓球
gǎnlǎnqiú	qūgùnqiú	pīngpāngqiú
葡萄牙	墨西哥	加拿大
Pútaoyá	Mòxīgē	Jiānádà

二、听老师读下列词语然后写出拼音。

Escuche al maestro leer las siguientes palabras y escriba el pinyin.

办公室＿＿＿＿＿＿＿＿　　候车室＿＿＿＿＿＿＿＿

阅览室＿＿＿＿＿＿＿＿　　跑马场＿＿＿＿＿＿＿＿

奥林匹克＿＿＿＿＿＿＿　　全心全意＿＿＿＿＿＿＿

三心二意＿＿＿＿＿＿＿

三、唱读汉字的笔画。

Lea los trazos de los siguientes caracteres.

明　朋　时　对　起　关　系　区　匹

四、按照正确的笔顺书写汉字。

Escriba los siguientes caracteres según la secuencia correcta.

tóng

同

xué

学

shēng

生

duì

对

qǐ

起

méi	
没	丶 ⺀ 氵 氵 沪 没 没

guān	
关	丶 丷 䒑 兰 关 关

xì	
系	一 ∠ 幺 幺 系 系 系

第六课　语音与汉字（6）

一、朗读下列音节，注意“一”“不”的变调。

Lea las siguientes sílabas en voz alta, prestando atención a las variaciones tonales de “一” y “不”.

yì tiān 一天	yì nián 一年	yì liǎng 一两	yídìng 一定
bù tīng 不听	bù dú 不读	bù xiě 不写	bú huà 不画
bú qù 不去	bú huì 不会	búduì 不对	búyào 不要
kàn yi kàn 看一看	tīng yi tīng 听一听	shuō yi shuō 说一说	tán yi tán 谈一谈
lái bu lái 来不来	qù bu qù 去不去	hē bu hē 喝不喝	kàn bu kàn 看不看

二、朗读下列音节，注意三声的变调。

Lea las siguientes sílabas en voz alta, prestando atención a las variaciones tonales del tercer tono.

shuǐguǒ 水果	liǎojiě 了解	xiǎngqǐ 想起	jiějie 姐姐	mǎhu 马虎	měihǎo 美好
zhǎnlǎnguǎn 展览馆	shǒudū 首都	Běijīng 北京	nǎinai 奶奶	tǔdì 土地	yǒu lǐxiǎng 有理想
yǔyán 语言	qǐlái 起来	lǎobǎn 老板			

三、请根据前后字的读音给“一”“不”注音。

Escriba el pinyin de “一” y “不” según la pronunciación de las palabras delanteras y traseras.

shí____	____bān	____xiàng	____guǎn	____tóng	wàn____
十一	一般	一向	不管	不同	万一
____biān	____gòu	lái____lái	tǒng____	shuō____shuō	____nián
一边	不够	来不来	统一	说一说	一年

四、在词典中查找下列词语，然后给拼音标上声调。

Busque las siguientes palabras en el diccionario y, a continuación, escriba el signo de tono de cada una.

shuihuo	da huo	yuwen	Hanyu	waiyu	Riyu	putonghua
水火	大火	语文	汉语	外语	日语	普通话
putaojiu	Xibanya	wuguang-shise	busan-busi	Aolinpike		
葡萄酒	西班牙	五光十色	不三不四	奥林匹克		

五、唱读汉字的笔画。

Lea los trazos de los siguientes caracteres.

大　小　多　少　文　化　和　木　林　森

六、数数下列汉字的笔画数。

Cuente el número de trazos de los siguientes caracteres.

弓：______画　　又：______画

已：______画　　己：______画

巳：______画　　刀：______画

马：______画　　甲：______画

乙：______画

七、指出下列汉字的笔顺。

Señale la secuencia de los trazos de los siguientes caracteres.

四　日　目　田　回　国　团　图　同　区

八、按照正确的笔顺书写汉字。

Escriba los siguientes caracteres según la secuencia correcta.

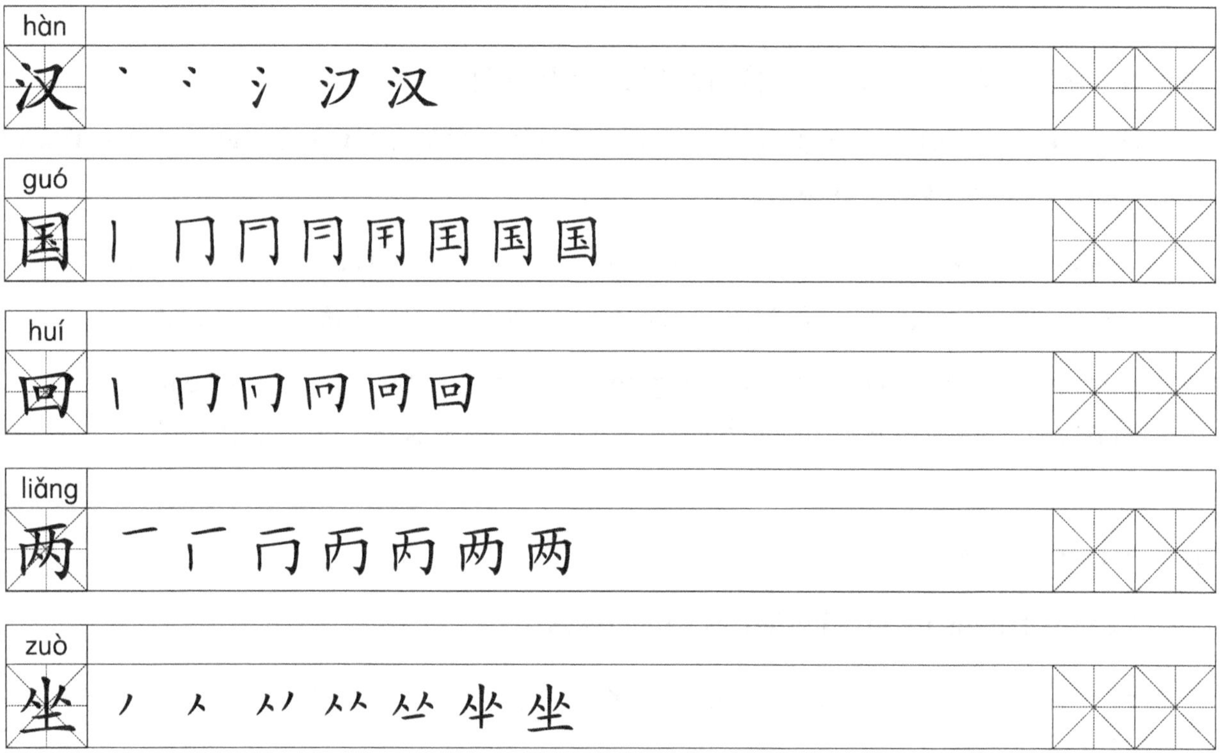

第七课　你好吗？

一、朗读下列带有轻声的音节。

Lee las siguientes sílabas con tono neutro.

（1）-zi（—子）

rìzi	bēizi	běnzi	bízi	dāozi	wūzi
日子	杯子	本子	鼻子	刀子	屋子

（2）-men（—们）

wǒmen	nǐmen	tāmen	péngyoumen
我们	你们	他们	朋友们

二、朗读下列句子，注意“啊”的音变。

Lea las siguientes oraciones en voz alta prestando atención a las variaciones tonales de “啊”.

Hǎo rè a!	Hǎo lěng a!	Hǎo shǎo a!	Hǎo guì a!
好热啊！	好冷啊！	好少啊！	好贵啊！

三、给下列短语和句子标注声调并朗读。

Marque las siguientes frases y oraciones con signos tonales y léalos en voz alta.

（1）wo

wo gege

wo gege de

wo gege de gongzuo

Wo gege de gongzuo hen hao.

（2）ta

ta didi

ta didi de

ta didi de xuexi

Ta didi de xuexi hen hao.

（3）ta

ta meimei

ta meimei de shenti

Ta meimei de shenti hen hao.

（4）tamen

tamen de jiejie

tamen de jiejie de shenti

Tamen de jiejie de shenti hen hao.

四、根据拼音写出短语或句子。

Escriba frase u oración según el pinyin.

（1）wǒmen

____

wǒmen de

____

wǒmen de jiātíng

____

Wǒmen de jiātíng hěn xìngfú.

____

（2）tāmen

____

tāmen de

____

tāmen de jiātíng

____

Tāmen de jiātíng hěn búxìng.

____

五、朗读下列短语和句子。

Lea las siguientes frases y oraciones en voz alta.

（1）好

很好

身体很好

爷爷的身体很好。

（2）不好

非常不好

心情非常不好

他的心情非常不好。

六、给课文中出现的副词标注汉语拼音并翻译成西班牙语。

Escriba el pinyin de los adverbios que aparecen en el texto y tradúzcalos al español.

真：________　________

特别：________　________

非常：________　________

七、选择正确的汉字填空。

Seleccione el carácter correcto para rellenar los espacios en blanco.

（1）你妈妈______身体好吗？

A. 的　　B. 勺

（2）我很好，你______？

A. 吗　　B. 呢

（3）认识你______高兴！

A. 真　　B. 直

（4）你爸爸的身体______么样？

A. 怎　　B. 乍

八、完成对话。

Complete el diálogo.

（1）A：____________________？

B：我很好，谢谢。你呢？

（2）A：你忙吗？

B：____________。

（3）A：认识你真高兴。

B：____________。

（4）A：________________？

B：我妈妈的身体很好。

九、请将下列陈述句变成带“吗”的疑问句。

Convierta las siguientes oraciones exclamativas en interrogativas con “吗？”.

（1）刘先生很好。 ____________________________？

（2）万女士身体不错。 ____________________________？

（3）我姐姐特别幸福。 ____________________________？

（4）我们非常高兴。 ____________________________？

（5）我哥哥不忙。 ____________________________？

十、书写汉字。

Escriba los siguientes caracteres.

de 的

yě 也

me 么

xīn 心

zěn 怎

十一、按正确的笔顺书写下列单人旁的汉字。

Escriba los siguientes caracteres con radical "persona sencilla" en la secuencia correcta.

nǐ
你

tā
他

men
们

dàn
但

zuò
作

xiū
休

tǐ
体

xìn
信

十二、按正确的笔顺书写下列双人旁的汉字。

Escriba los siguientes caracteres con radical "persona doble" en la secuencia correcta.

wǎng
往

xíng
行

hěn
很

de
得

十三、主题会话：两个人一组，模仿下面的对话互相问候。

Conversación temática: forme grupos de dos personas para saludarse imitando el siguiente diálogo.

A：你好，卡门。

B：你好，何塞。

A：你好吗？

B：我很好。你呢？

A：我也很好。谢谢！

B：你爸爸妈妈好吗？

A：他们非常好。你爸爸妈妈呢？

B：他们也非常好。谢谢！

第八课　初次相识

一、朗读下面的儿歌。

Lea en voz alta la siguiente canción infantil.

马兰开花

一、二、三、四、五、六、七，
马兰开花二十一，
二五六、二五七、二八、二九、三十一，
三五六、三五七、三八、三九、四十一，
四五六、四五七、四八、四九、五十一，
五五六、五五七、五八、五九、六十一，
六五六、六五七、六八、六九、七十一，
七五六、七五七、七八、七九、八十一。

二、练习汉语祈使句和感叹句的读法。

Lea en voz alta las siguientes oraciones exhortativas y exclamativas prestando atención al tono de cada una.

（1）请坐。

（2）请大家自我介绍一下。

（3）请进。

（4）请说汉语。

（5）认识你真高兴！

（6）他姐姐的工作真不错！

三、选择正确的汉字填空。

Seleccione el carácter correcto para rellenar los espacios en blanco.

（1）我______王，叫王鹏。

A. 姓　　B. 生

（2）______大家自我介绍一下。

A. 请　　B. 青

（3）我喜欢学习______语。

A. 又　　B. 汉

（4）______是法国人吗？

A. 他　　B. 也

（5）今天我们学习______二课。

A. 弟　　B. 第

四、跟老师朗读并听写下列词语。

Lea siguiendo al profesor las siguientes palabras y escríbalas.

同学　老师　留学生　姓　介绍　坐

汉语　一下　请坐　认识　名字　怎么

五、完成对话。

Complete el diálogo.

（1）A：__________？

B：我是西班牙人。

（2）A：你的老师__________？

B：他叫王鹏。

（3）A：您贵姓？

B：我__________。

（4）A：萨拉是英国人吗？

B：____________，萨拉是古巴人。

六、阅读短文并回答问题。

Lea el siguiente texto y conteste a las preguntas.

我叫阿尔维托，我是哥伦比亚人。我在清华大学学习汉语。我23岁了。我爸爸妈妈都在北京，他们在大使馆（dàshǐguǎn）工作。我弟弟是小留学生，在北京芳草地小学（Fāngcǎodì Xiǎoxué）学习。

（1）“我”叫什么名字？

（2）“我”是哪国人？

（3）“我”今年多大了？

七、用下表中的姓名练习会话。

Ejercicios de conversación: sustituya los nombres del diálogo con los del cuadro.

A：你叫什么名字？

B：我叫安琪尔。

C：我叫劳雷亚诺。

D：我叫亚森松。

阿尔维托	Ā'ěrwéituō	Alberto
安娜	Ānnà	Ana
安东尼奥	Āndōngní'ào	Antonio
阿尔曼多	Ā'ěrmànduō	Armando
卡门	Kǎmén	Carmen

塞西莉娅	Sàixīlìyà	Cecilia
大卫	Dàwèi	David
多洛雷斯	Duōluòléisī	Dolores
艾娃	Àiwá	Eva
菲德尔	Fēidé’ěr	Fidel
弗朗西斯科	Fúlǎngxīsīkē	Francisco
赫拉尔多	Hèlā’ěrduō	Gerardo
伊内斯	Yīnèisī	Inés
伊丽莎白	Yīlìshābái	Isabel
哈维尔	Hāwéi’ěr	Javier
华金	Huájīn	Joaquín
何塞	Hésài	José
胡安	Hú’ān	Juan
胡安娜	Hú’ānnà	Juana
胡利娅	Húlìyà	Julia
卢西娅	Lúxīyà	Lucía
路易斯	Lùyìsī	Luis
米格尔	Mǐgé’ěr	Miguel
佩德罗	Pèidéluó	Pedro
皮拉尔	Pílā’ěr	Pilar
劳尔	Láo’ěr	Raúl
罗米欧	Luómǐ’ōu	Romeo
萨尔瓦多	Sà’ěrwǎduō	Salvador
西尔维娅	Xī’ěrwéiyà	Silvia
苏珊娜	Sūshānnà	Susana

八、按正确的笔顺书写下列女字旁的汉字。

Escriba los siguientes caracteres con radical "mujer" en la secuencia correcta.

nǎi
奶

hǎo
好

mèi
妹

gū
姑

mā
妈

第九课　今天圣诞节

一、给下列词语标上声调符号。

Escriba el signo tonal para las siguientes palabras.

daqiantian	qiantian	zuotian	jintian	mingtian
houtian	dahoutian	Shengdan Jie	Muqin Jie	Fuqin Jie
Qingren Jie	Duanwu Jie	Zhongqiu Jie	riqi	qunian

二、朗读下列词语并写出拼音。

Lea en voz alta las siguientes palabras y escriba su pinyin.

情人节________	母亲节________	端午节________	中秋节________
重阳节________	今天__________	明天__________	日期__________
年龄__________	星期五________	现在__________	节日__________

三、用汉字写出下列年份。

Escribe los años siguientes en caracteres.

2018 年	2019 年	2020 年	2021 年	2022 年
______	______	______	______	______

四、选择正确的汉字填空。

Selecccione el carácter correcto para rellenar los espacios en blanco.

（1）________天星期二。

A. 昨　　　B. 怎

（2）现在________月？

A. 凡　　　　B. 几

（3）________天中秋节。

A. 朋　　　　B. 明

（4）你________大了？

A. 多　　　　B. 夕

五、根据日历，完成对话。

Complete el diálogo según el calendario.

今天三月七号。

（1）——昨天几号？

——____________。

（2）——____________？

——明天星期二。

（3）——三月十四号星期几？

——__________。

（4）——三月二十七号是星期天吗？

——__________。

（5）——今年是哪一年？

——__________。

六、对画线部分提问。

Haga preguntas sobre la parte subrayada.

（1）今天四月十五号。 ——→ 今天几号？

（2）现在五月。 ——→ __________

（3）我哥哥二十三岁了。 ——→ __________

（4）大后天星期六。 ——→ __________

（5）我奶奶八十七岁了。 ——→ __________

（6）萨拉是西班牙人。 ——→ __________

七、按照正确的笔顺书写汉字。

Escriba los siguientes caracteres según la secuencia correcta.

rì
日

xīng
星

míng
明

shí

时

zuó

昨

第十课　他是谁？

一、朗读下列词语，注意轻声的发音。

Lea las siguientes palabras en voz alta y preste atención al tono neutro.

我的	你的	他的	她的
它的	我们的	你们的	他们的
她们的	咱们的	朋友	男朋友
老朋友	好朋友	小朋友	女朋友

二、选择正确的汉字填空。

Seleccione el carácter correcto para rellenar los espacios en blanco.

（1）你哥哥是________生吗？

A. 医　　　　B. 匹

（2）A：他是谁？

B：他是我的男________友。

A. 明　　　　B. 朋

（3）你为________么学习汉语？

A. 什　　　　B. 十

三、跟老师朗读并听写下列词语。

Lea siguiendo al profesor las siguientes palabras y escríbalas.

爷爷	奶奶	爸爸	妈妈	想
喜欢	只是	爱	为什么	咱们

四、完成对话。

Complete el diálogo.

（1）A：________?

B：他是我爷爷。

（2）A：________?

B：不，卡门不是医生。

（3）A：这是________小狗?

B：这是何塞的小狗。

（4）A：________学习汉语?

B：因为我很喜欢汉语。

五、针对画线部分提问。

Haga preguntas sobre la parte subrayada.

（1）何塞不是医生，他是学生。 ⟶ ____________________

（2）他不是我的男朋友。 ⟶ ____________________

（3）安娜不是老师。 ⟶ ____________________

（4）我今天很忙。 ⟶ ____________________

六、朗读下列句子。

Lea las siguientes oraciones en voz alta.

A：是你的画报还是他的画报?

B：不是我的画报，也不是他的画报。

A：那是谁的画报?

B：是刘文的画报。

A：是萨拉的课本还是何塞的课本?

B：不是萨拉的课本，也不是何塞的课本。

A：那是谁的课本？

B：是卡门的课本。

七、朗读下列句子。

Lea las siguientes oraciones en voz alta.

明明爱丽丽。

丽丽不爱明明。

爸爸喜欢妹妹。

爸爸不喜欢小狗。

妈妈喜欢哥哥。

妈妈也喜欢姐姐。

八、朗读下列短语和句子。

Lea las siguientes frases y oraciones en voz alta.

（1）我的

我的同学

我的同学是北京人。

（2）你的

你的老师

你的老师是上海人吗？

（3）他的

他的妹妹

他的妹妹是医生。

（4）她的

她的哥哥

她的哥哥是老师。

（5）我们的

我们的爸爸妈妈

我们的爸爸妈妈在北京。

（6）你们的

你们的爸爸妈妈

你们的爸爸妈妈在罗马吗？

（7）他们的

他们的老师

他们的老师姓张。

（8）我们的

我们的老师

我们的老师叫张明明。

九、将下列句子翻译成西班牙语。

Traduzca las siguientes frases al español.

（1）你们的老师姓什么？

____

（2）卡门的爸爸叫什么？

____

（3）何塞是哪国人？

____

（4）玛丽娅是俄罗斯人吗？

____

（5）他的妹妹是医生吗？

____

（6）她的哥哥是不是老师？

____

（7）你们的老师姓张吗？

____

（8）他们的老师叫什么名字？

____

十、将下列句子翻译成汉语。

Traduzca las siguientes frases al chino.

（1）¡Cuánto tiempo sin verte!

____

（2）¡Cuánto tiempo sin verlos a ustedes!

____

（3）¡Cuánto tiempo sin verla, Carmen!

____

（4）¿Es usted chino?

____

（5）¿En qué país vives ahora?

____

（6）¡Hola, amigo! Me alegro mucho de verte.

____

（7）¡Diga! Yo soy Alfonso.

____

（8）No estoy casado.

____

（9）Hace unos días conocí a un amigo suyo.

____

（10）El sábado pasado en la universidad había mucha gente.

____

十一、按正确的笔顺写出下列含有言字旁的字。

Escriba los siguientes caracteres con radical "palabra" en la secuencia correcta.

ràng

让

jì
计

jiǎng
讲

kè
课

tán
谈

huà
话

dú
读

shī
诗

第十一课　这是什么？

一、朗读下列词语。

Lea las siguientes palabras en voz alta.

名字	什么	朋友	爷爷	奶奶
爸爸	妈妈	哥哥	桌子	椅子
杯子	刀子	叉子	勺子	筷子
刷子	绳子			

二、选择正确的汉字填空。

Seleccione el carácter correcto para rellenar los espacios en blanco.

（1）我想________一台新式电脑。

A. 买　　　　B. 头

（2）________是什么？

A. 哪　　　　B. 那

（3）这________是手机。

A. 些　　　　B. 此

（4）A：你为什么喜欢国产手机？

B：________为很便宜。

A. 困　　　　B. 因

（5）你喜欢________音乐吗？

A. 听　　　　B. 昕

三、跟老师朗读并听写下列词语和短语。

Lea siguiendo al profesor las siguientes palabras y escríbalas.

一台电脑　　想　　因为　　听音乐　　打电话

一部手机　　用　　可以　　能够　　聊天儿
看电影　　天气

四、连词成句。

Construya oraciones con las siguientes palabras.

（1）这　手机　是　些

____

（2）用　打电话　手机　可以

____

（3）萨拉　买　想　一部　智能手机

____

（4）我　小狗　喜欢

____

五、用括号里的词语回答问题。

Conteste a las siguientes preguntas con las palabras entre paréntesis.

这是什么？

（1）这是__________。（电脑　手机）

（2）这是__________。（书　书包　书柜）

（3）这是__________。（刀子　叉子　勺子）

那是什么？

（1）那是__________。（沙发　桌子　椅子）

（2）那是__________。（扇子　绳子　刷子）

（3）那是__________。（盘子　筷子　柜子）

这些是什么手机？

（1）这些是＿＿＿＿＿＿。（进口手机　　国产手机）

（2）这些是＿＿＿＿＿＿。（新式手机　　老式手机　　智能手机）

六、找出下列句子中的量词。

Encuentre los clasificadores en las siguientes oraciones.

（1）这是一本书。

（2）这是一个书包。

（3）这是一把椅子。

（4）那是一台电脑。

（5）那是一部手机。

（6）那是一个 U 盘

（7）这是一本杂志。

（8）这是一张报纸。

（9）这是一张光盘。

（10）那是一张画报。

（11）那是一个盘子。

（12）那是一只小狗。

七、将下列句子按陈述句和疑问句分类。

Clasifique las siguientes oraciones en declarativas e interrogativas.

（1）这是谁的书？

（2）这是安娜的书。

（3）那是谁的电脑？

（4）那是彼得的电脑。

（5）那些人是我们学校的老师。

（6）那是什么？

（7）那是一台电脑。

（8）那是一台什么电脑？

（9）那是一台新式电脑。

（10）那台新式电脑是谁的？

陈述句：＿＿＿＿＿＿＿＿＿＿

疑问句：＿＿＿＿＿＿＿＿＿＿

八、朗读下列句子并找出句中的名词。

Lea las siguientes oraciones en voz alta y encuentre los sustantivos en las oraciones.

（1）这是两个 U 盘。

（2）这是三张床。

（3）这是四把刷子。

（4）那是手机。

（5）那是书架。

（6）那是沙发。

（7）这些是五部华为手机。

（8）这些是六把勺子。

（9）这些是两把扇子。

九、将下列句子翻译成汉语。

Traduzca las siguientes frases al chino.

（1） ¿Qué es esto ?

Esto es un libro.

＿＿＿＿＿＿＿＿＿＿＿＿＿＿

＿＿＿＿＿＿＿＿＿＿＿＿＿＿

（2）¿Qué es esto ?

Esto es un libro en chino.

____

____

（3）¿Qué es esto ?

Esto es una pluma.

____

____

（4）¿Es esta tu silla ?

Sí, es mi silla.

____

____

（5）¿Es este tu vaso ?

No, no es mi vaso, es su vaso.

____

____

（6）¿Es esta tu novela ?

No, no es mi novela, es su novela.

____

____

（7）¿Es esta tu revista ?

No, no es mi revista, es su revista.

____

____

（8）Aquellos son periódicos.

____

（9）Esos son diccionarios.

____

（10）Este es un ordenador.

____

（11）Ese es un celular.

____

十、找出下列疑问句中的疑问词。
Encuentre las palabras interrogativas en las siguientes oraciones.

（1）这是谁的手机？

（2）这些是谁的杂志？

（3）那是什么书？

（4）那些是什么报纸？

（5）你喜欢哪种手机？

十一、找出下列短语中的定语，区分它们的词性（名词、人称代词、数量短语、形容词）。
Encuentre los modificadores de las siguientes frases y diferencie su categoría (sustantivo, pronombre personal, clasificador y adjetivo).

（1）一台电脑

（2）一部智能手机

（3）我的华为手机

（4）弟弟的小米手机

（5）奶奶的手机

（6）妈妈的苹果手机

（7）爷爷的三星手机

（8）爸爸的电脑

（9）何塞的手机

（10）新式电脑

（11）老式电脑

十二、按正确的笔顺写出下列含有提手旁的汉字。

Escriba los siguientes caracteres con radical "mano" en la secuencia correcta.

dǎ
打

pāi
拍

sǎo
扫

rēng
扔

zhǎo
找

lā
拉

tuī
推

tuō
拖

bào
抱

第十二课　现在几点了？

一、朗读下列词语，注意“一”和“不”的变调。

Lea las siguientes palabras en voz alta y preste atención a las variaciones tonales de “一” y “不”.

一天	一心	一些	一身	一生
一时	一同	一手	一起	一早一晚
一上一下	一心一意	一问一答	一生一世	初一

不是	不好	不多不少	不大不小	不言不语
不对	不去	不能	不想	

二、朗读下列表示时段的词或短语。

Lea en voz alta las siguientes palabras o frases que expresan el periodo de tiempo.

一个早上	一个上午	一个下午	四个晚上
两天	六天	三百六十五天	一周
两周	三个星期	一秒钟	一分钟
一刻钟	半个小时	一个小时	三个小时
一个月	两个月	五个月	半年
一年	十年	二十年	一个世纪

三、选择正确的汉字填空。

Seleccione el carácter correcto para rellenar los espacios en blanco.

（1）现在几________？

A. 点　　　　B. 占

（2）你是哪一年________生的？

A. 出　　　　B. 山

（3）我今天上________8:00 上课。

A. 牛　　　　B. 午

（4）他们什么________候放假？

A. 时　　　　B. 对

四、跟老师朗读并听写下列词语。

Lea siguiendo al profesor las siguientes palabras y escríbalas.

上课　已经　迟到　见面　早上　晚上　打算

开学　放假　每天　睡觉　下课　分　刻

五、完成对话。

Complete el diálogo.

（1）甲：一年有几个月？

乙：一年有________。

（2）甲：一个月有几个星期？

乙：一个月有________。

（3）甲：一个星期有多少天？

乙：一个星期有________。

（4）甲：一天有多少个小时？

乙：一天有__________。

（5）甲：一个小时有多少分钟？

乙：一个小时有__________。

（6）甲：一分钟有多少秒？

乙：一分钟有__________。

六、指出下列句子中表示时间的词语哪些表示“时点”、哪些表示“时段”。

Indique cuáles de las palabras de las siguientes oraciones expresan unidad de horas y cuáles, cantidad de horas.

（1）——你是哪年去阿根廷的？

——我是 1982 年去阿根廷的。（　　）

（2）——你在布宜诺斯艾利斯住了多长时间？

——我在那儿住了 30 年。（　　）

（3）——卡洛斯是哪年结婚的？

——他是 2015 年结婚的。（　　）

（4）——昨天你是什么时候出门的？

——昨天我是早上 7:40 出门的。（　　）

（5）——昨天你是什么时间到家的？

——昨天我是晚上 9:30 到家的。（　　）

七、根据时间提示画出时针和分针。

Dibuje las manecillas de los relojes de horas y minutos según las indicaciones de tiempo.

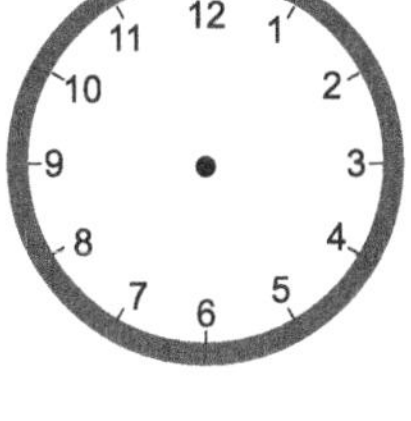

（1）两点

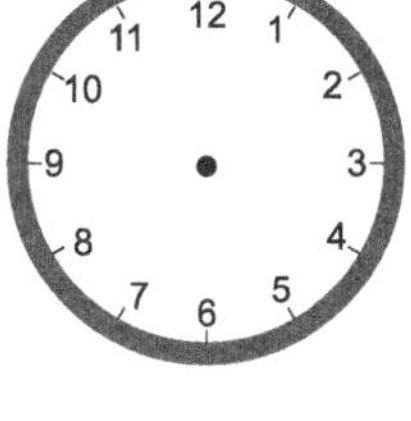

（2）三点半

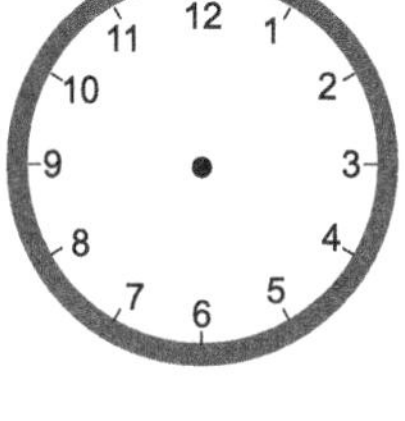

（3）十点一刻

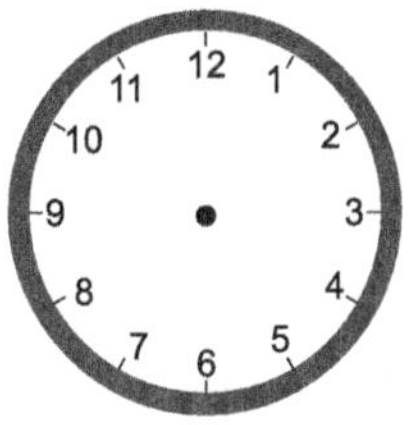

（4）五点五十八分

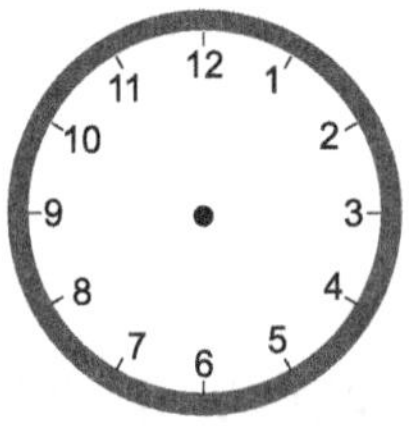

（5）六点零五分

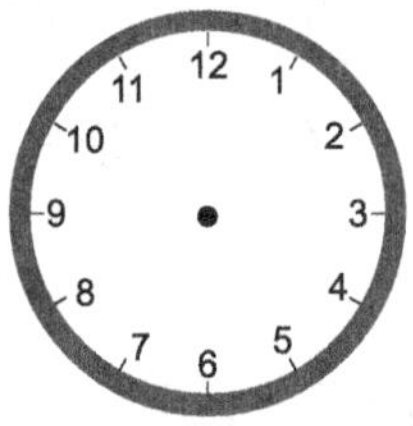

（6）差一刻七点

八、认读时间。

Lea la hora.

（1）__________

（2）__________

（3）__________

（4）__________

（5）__________

（6）__________

九、针对画线部分提问。

Haga preguntas sobre la parte subrayada.

（1）昨天我们是早上 6:00 出发的。 ——→ ______________________________

（2）姑姑是大前天到的。 ——→ ______________________________

（3）萨拉和卡门是 2015 年结婚的。 ——→ ______________________________

（4）我们9月1号开学。 ⟶ ______________________

（5）他下午三点下课。 ⟶ ______________________

十、两人一组，互相采访，说一说你们的作息时间。

En grupos de dos, entrevístense y conversen sobre su horario.

起床	
吃早饭	
上课	
下课	
放学	
睡觉	

十一、按正确的笔顺书写下列含有火字底的汉字。

Escriba los siguientes caracteres con radical "fuego abajo" en la secuencia correcta.

diǎn
点

jié
杰

zhǔ
煮

zhào
照

rè
热